BURGHARD BARTOS

ABENTEUER CAP ANAMUR

MENSCHEN IN NOT

Fotos von Jürgen Escher

UEBERREUTER

CIP-Titelaufnahme der Deutschen Bibliothek

Bartos, Burghard:
Abenteuer Cap Anamur : Menschen in Not / Burghard Bartos.
Fotos von Jürgen Escher. – Wien : Ueberreuter, 1991
ISBN 3-8000-1459-9

Autor und Verlag danken den in der Folge angeführten
Vietnam-Flüchtlingen, die sich für Interviews zu
diesem Buch zur Verfügung gestellt haben und uns die Genehmigung
zum Abdruck ihrer Erlebnisberichte erteilt haben:
Thomas H. Nguyen, S. 21
Huynh Thoang, S. 34
Hoang Thi Mai, S. 43
Huynh Thi Xuan Thu, S. 53
Pham, S. 62
Dang, S. 74

Bildnachweis:
Kartographie Monika Gaugusch, Wien: S. 15
Pressebilddienst Votava, Wien: S. 12 und 13
Alle anderen Fotos stammen von Jürgen Escher, Herford

J 1880/1
Alle Rechte vorbehalten
Umschlag von Atelier Graupner & Partner, München, unter
Verwendung eines Fotos von Marlies Nußbaum sowie des Emblems »Komitee Cap Anamur«
Copyright © 1991 by Verlag Carl Ueberreuter, Wien
Printed in Austria

Inhalt

DAS ERSTE KAPITEL
in dem von vielen Menschen erzählt wird, von kleinen Booten voller Durst und Hunger, voller Angst und Not, aber auch von einer großen Hoffnung und einem großen Schiff und davon, wie alles angefangen hat

7

DAS ZWEITE KAPITEL
in dem die Rede ist von einem Land im Krieg, von Blut und Bomben, Dschungelkampf und Hubschraubern und von einer Befreiungsarmee mit Stacheldraht und Konzentrationslagern

10

DAS DRITTE KAPITEL
in dem von einem Schiff ohne Hafen erzählt wird, von Menschen ohne Heimat, von einer winzigen Insel und Maschinengewehren und davon, daß mit Geld allein noch nichts gewonnen ist

14

DAS VIERTE KAPITEL
in dem von Tagen voller Hoffnung die Rede ist und Nächten voll Enttäuschung, von Befehlen und Verboten, von Maschinenpistolen und Papieren und davon, daß mit gutem Willen allein noch nichts gewonnen ist

23

DAS FÜNFTE KAPITEL
in dem vom Ertrinken die Rede ist, von Vorschriften und Paragraphen, von Behörden und Kindern und davon, daß die Suche sich endlich lohnt

29

DAS SECHSTE KAPITEL
*in dem von einer mörderischen Perlenkette erzählt wird,
von kleinen Fischkuttern und großen Piratenbooten, von Angst und
letzten Hemden, von einer Sklaveninsel und davon, daß sich
noch lange kein Richter für jedes Verbrechen findet*

36

DAS SIEBENTE KAPITEL
*in dem die Rede ist von viel Arbeit in aller Stille, von Spendengeld
und fast von Pleite, von Wolkenbruch und Reis und Hunger und
vom Schachern um Menschlichkeit und Menschenleben*

44

DAS ACHTE KAPITEL
*in dem von einer Garantie die Rede ist,
von Hoffnung und Jubel und Rettung, aber auch davon,
wie es ist, wenn jemand mitten in der Arbeit aufhören muß*

54

DAS NEUNTE KAPITEL
*in dem von Jahren voller Not erzählt wird, voll Tod und Flucht,
von Jahren voller Arbeit, von einem neuen Anfang und einem neuen Schiff,
von Ärger und freundlichen Grüßen, von Sturm und Seenot
und davon, daß Helden nicht aus Marmor sind*

64

DAS LETZTE KAPITEL
*in dem noch einmal vom Schachern um Menschenleben die Rede ist und davon,
daß Angst und Not und Tod nicht aufhören, wenn die Hilfe aufhört*

76

Zeittafel

80

DAS ERSTE KAPITEL

*in dem von vielen Menschen erzählt wird,
von kleinen Booten voller Durst und Hunger,
voller Angst und Not, aber auch
von einer großen Hoffnung und einem großen Schiff
und davon, wie alles angefangen hat*

Sie saßen schon seit Stunden zusammen im Café und redeten. Eigentlich redete nur der eine, der andere hörte zu. Hörte immer gespannter zu.

»Tausende flüchten übers Meer. Nur raus aus Vietnam. Menschen in winzigen Booten. Völlig überladen, kaum Wasser, ohne Essen«, sagte André Glucksmann. Er rührte immer noch in seiner Kaffeetasse, sie war längst leer.

André Glucksmann war gerade aus Asien zurück, hatte die Flüchtlinge aus Vietnam gesehen, hatte mit ihnen geredet und eine Reportage geschrieben.

»Ja, und? Weiter?« fragte Rupert Neudeck.

»Sie saufen ab«, sagte André Glucksmann, »jedes zweite Boot bleibt irgendwo auf dem Chinesischen Meer. Erst ist das Trinkwasser zu Ende, dann der Sprit. Dann treiben sie auf den Wellen, wochenlang. Die übervollen Boote liegen tief im Wasser, Wellen schlagen hinein. Oder die Piraten nehmen ihnen das letzte Geld, den letzten Sprit, das Wasser für die Kinder. Manchmal rammen sie die Boote zum Abschied. Ein Drittel der Boote säuft irgendwann ab. Vielleicht auch mehr. Wir wissen es nicht.«

Rupert Neudeck schwieg.

»Wer ins Boot steigt, bei dem stehen die Chancen 1:1. Sie wissen es alle. Auch die Kinder. Aber die Hoffnung treibt sie hinaus.«

»Wie viele?« fragte Rupert Neudeck.

»Etwa tausend Menschen kommen jeden Tag durch. Die anderen...« André Glucksmann schwieg.

»Und da tut keiner was?« Rupert Neudeck war fassungslos. »Die großen Hilfsorganisationen, die reichen Länder, irgend jemand muß doch helfen.«

»Die nicht«, sagte André Glucksmann, »aber wir. Wir haben in Frankreich ein Komitee gegründet, das *Komitee Ein Schiff für Vietnam*. Und letzten Monat haben wir ein

Rupert Neudeck

Schiff gemietet, da lassen wir gerade ein Hospital einbauen. Alles mit Spendengeldern. In ein paar Tagen fahren wir los und versuchen, so viele Menschen wie möglich aus dem Wasser zu fischen. Es ist nicht viel, aber ein Anfang ist gemacht. Unser Schiff heißt *Ile-de-Lumière*, Insel des Lichts.«

Die Idee schlug ein wie der Blitz. Ein Schiff! Tausend Ertrinkende jeden Tag... Nicht warten, helfen! Ein rettendes Schiff! Rupert Neudeck dachte nicht mehr an seine Arbeit, zu der er nach Paris gekommen war. Und während die beiden auf den nächsten Kaffee warteten, machte er im Kopf die ersten Pläne.

Noch im Zug zurück nach Köln entwarf Rupert Neudeck einen Brief. Er wollte Geld sammeln, Geld und gute Namen. Politiker, Schauspieler, Leute vom Fernsehen – er stellte schon eine Liste zusammen. So ein Komitee, das mußte auch in Deutschland möglich sein.

Ein Schiff war schließlich keine Kleinigkeit. Ein Schiff war sündhaft teuer. André Glucksmann hatte es erzählt. Die Franzosen hatten schon eine halbe Million Franc gesammelt, aber das reichte hinten und vorn nicht. Die »Ile-de-Lumière« konnte jede Mark brauchen, und Rupert Neudeck wollte versuchen, dieses Geld in Deutschland zu beschaffen.

Der erste, dem er schrieb, war der Schriftsteller Heinrich Böll. Kaum hatte Böll den Brief gelesen, rief er im Deutschland-Funk an, wo Rupert Neudeck arbeitete: »Neudeck«, sagte er, »das müssen wir unbedingt machen, mich überzeugt das in seiner praktischen Art, das Problem dieser armen ertrinkenden Menschen anzugehen...«

Schon ein paar Tage später hatte Rupert Neudeck die Unterschrift von einer ganzen Anzahl bekannter Leute in der Post, Journalisten, Politiker, Schriftsteller, Pfarrer. Einer schrieb, er fände »die Idee verrückt« – und schickte 1 000 Mark. Das war der Anfang. Aber dann kam die Durststrecke. Niemand wollte über die Idee berichten, weder Fernsehen noch Rundfunk noch die Zeitungen. Was die Zeitungen brachten, waren Berichte wie dieser:

Kuala Lumpur, 2. April (Reuter).
Mehr als hundert vietnamesische Flüchtlinge sind vor der Küste Malaysias ertrunken, als ihr Boot kenterte...«

100 Ertrunkene – eine kleine Zeitungsmeldung. Kein Wort von der Massenflucht. Kein Wort von dem Elend und Tod der vielen tausend Menschen.

Rupert Neudeck schrieb Briefe, bat um Spenden. Schrieb von den 300 000 Mark, die das französische Schiff jeden Monat kostete, schrieb von dem Geld, das nur noch bis Mitte Mai reichte. Wenn dann aus Deutschland und Italien, wenn dann nicht irgendwoher Geld kam, war es aus. Rupert Neudeck schrieb und bat.

Er gab Interviews, fuhr mit Böll und Glucksmann zum Fernsehen. Es half alles nichts, die Sache kam nicht in Schwung. Nicht einmal das Spendenkonto des *Komitees Ein Schiff für Vietnam* wurde im Fernsehen gesendet. »Eine private Gruppe? Nein, das können wir nicht machen. Da könnten wir ja gleich die Kontonummer von jedem Karnikkelzüchterverein einblenden«, hieß es.

Dann die Wende: Ab dem 12. Juni bestand Schießbefehl. Bisher hatte die malaysische Küstenwache viele Boote mit verdurstenden, verhungernden, halb ertrunkenen Flüchtlingen vor der Küste abgefangen und wieder weit aufs Meer hinausgeschleppt. Malaysia konnte und wollte keine Flüchtlinge mehr aufnehmen, Tausende kamen jeden Monat. Jetzt wurde eben geschossen.

Das war ein gefundenes Fressen für die Weltpresse. Kaum eine Zeitung, die nicht täglich Berichte aus den Flüchtlingslagern brachte. Von einem Tag auf den anderen standen die Flüchtlinge im Rampenlicht.

Malaysias Schachzug hatte geklappt. Alle Welt sah auf die Flüchtlinge, sah auf das Elend.

Schon nach einem Tag wurde der Schießbefehl wieder zurückgenommen.

Ein paar Tage später brachte das deutsche Fernsehen eine ganze Sendung nur über die *Boatpeople,* die Bootsflüchtlinge aus Vietnam. Zum Schluß wurden Kontonummern für Spenden eingeblendet. Die Nummer vom *Roten Kreuz,* von *Brot für die Welt,* von *Caritas.* An letzter Stelle die vom *Komitee Ein Schiff für Vietnam.*

Damit war der Bann gebrochen. Von diesem Tag an bekam Rupert Neudeck keine schmalen Tütchen voller Spendenquittungen mehr, jetzt bekam er sie sackweise. Vier Tage später hatte das Komitee mehr als eine Million Mark.

So fing alles an, damals in einem Café in Paris am 4. Februar und an vielen Orten in Deutschland im Jahr 1979.

DAS ZWEITE KAPITEL

*in dem die Rede ist von einem Land im Krieg,
von Blut und Bomben, Dschungelkampf und
Hubschraubern
und von einer Befreiungsarmee
mit Stacheldraht und Konzentrationslagern*

Angefangen hatte das Unglück schon viel früher. Seit 2 000 Jahren wurde Vietnam, dieses »Land im Süden«, von China unter Druck gesetzt. Vor 200 Jahren marschierten dann französische Truppen ins Land, damals schnitt Frankreich sich sein Stück aus der Kolonialtorte Indochina. Im Zweiten Weltkrieg eroberten die Japaner Vietnam; als sie den Krieg verloren, waren wieder die Franzosen dran, wollten ihre alte Kolonialmacht wieder aufrichten; es kam zum Krieg gegen Vietnam, sein Ende 1956: Teilung Vietnams, mitten durch das Land, am 17. Breitengrad entlang, Teilung in Nord und Süd.

Im Norden herrschten die Truppen des Kommunistenführers Ho Chi Minh, im Süden die französischen Kolonialtruppen. Oder sie herrschten nicht; denn vietnamesische Untergrundkämpfer sickerten immer weiter in den Süden Vietnams ein, ausgerüstet mit Waffen aus Moskau. Die Franzosen zogen sich nach und nach zurück, zogen ab.

Übrig blieb in Südvietnam, neben den Schlachtfeldern, eine antikommunistische Regierung, reichlich unterstützt von den USA als »Bollwerk des freien Westens gegen die rote Woge des Kommunismus«. Anfang 1964 kontrollierte die Regierung von Südvietnam kaum noch ein Drittel ihres Landes. Und dann kam wieder Krieg, der sogenannte Vietnamkrieg.

Ob die beiden amerikanischen Zerstörer im Golf von Tonking nun wirklich von den Kommunisten beschossen worden sind, wird sich nicht mehr feststellen lassen. Jedenfalls nahm Präsident Johnson die Sache als willkommenen Anlaß für einen Vergeltungsschlag: Seit August 1964 bügelten riesige Bombenteppiche die Wälder in Vietnam flach mit allem, was darin war.

Spreng- und Splitterbomben, Entlaubungsmittel, Brandbomben voller Napalm, die das verbrannte Fleisch bei 2 000 Grad verflüssigten. Mehr als eine halbe Million Amerikaner

standen als Soldaten in Vietnam. Sie flogen Hubschraubereinsätze gegen die unsichtbaren Kämpfer im Unterholz, aasten herum mit Waffen und Munition und erreichten im Dschungelkrieg von Jahr zu Jahr weniger. Viele Soldaten wurden heroinsüchtig, höchstens jeder zwanzigste hatte je dem Feind gegenübergestanden. Ho Chi Minh gegen Präsident Johnson, *Marines* gegen Vietcongs. Kommunismus gegen Kapitalismus. Elend, Blut und Tod ziemlich einseitig.
Durch die USA lief ein ungeheurer Anti-Kriegs-Feldzug in der Presse. Und in Europa rannten Studenten in Zehnerreihen untergehakt durch die Straßen, reckten ihre Mao-Bibeln in die Luft und riefen: »Ho-Ho-Ho-Chi-Minh«. *Ami go home* stand an den Brandmauern. Was vor ein paar Jahren noch Bruderhilfe geheißen hatte, hieß jetzt Kriegsverbrechen.
Waffenstillstandsverhandlungen 1972. Der amerikanische Rückzug wurde ausgehandelt. »Bring them home« dudelte es aus jeder Musicbox in Saigon. Die »boys«, die *GIs*, die Ledernacken, sie sollten nach Hause, raus, nur raus.
Doch was geschah mit denen, die nicht so einfach weg konnten? Da gab es zum Beispiel die 300 000 katholischen Flüchtlinge aus Nordvietnam, die vietnamesischen Soldatenbräute und die kleinen Angestellten aus den amerikanischen Büros und immerhin noch 100 000 südvietnamesische Soldaten. Amerika ließ unter dem Druck der Meinungsmacher seine Verbündeten schlicht und einfach im Stich. Und Henry Kissinger, der amerikanische Unterhändler des Abkommens, bekam dafür den Friedensnobelpreis verliehen.

So wie sich die Amerikaner zurückzogen, walzte von Norden eine stählerne Lawine nach. Panzer, Lkws, Artillerie, alles frisch aus der Sowjetunion, gefahren von Nordvietnamesen.
Völlig von kommunistischen Vietcongtruppen umzingelt, schafften die Amerikaner auf ihren Schiffen ein ganzes Armeekorps aus der Hafenstadt Da-nang. Tausende von Vietnamesen wollten mit, wollten nicht in die Hände der Vietcongtruppen fallen. Sie stürmten die Gangways, klammerten sich außen an die Reling. Sie mußten mit Maschinengewehren zurückgedrängt werden, damit die Schiffe ablegen konnten.
Dasselbe geschah in der südvietnamesischen Stadt Saigon. Als die Amerikaner ihre Botschafter und hohen Militärs ausflogen, krallten sich Vietnamesen verzweifelt an die Kufen der Hubschrauber.

Dann verschwand das Land unter der roten Fahne des Vietcong. Aus Saigon wurde Ho-Chi-Minh-Stadt, benannt nach dem kommunistischen Führer und Sieger des Krieges. Und die Vietcongtruppen marschierten weiter, überfielen und eroberten das Nachbarland Kambodscha.
Wer Land gehabt hatte in Vietnam, wurde enteignet; wer Geld gehabt hatte, wurde durch neues Geld arm gemacht; wer für

Die amerikanischen Soldaten verlassen Vietnam.

Amerika gewesen war, kam ins Lager. Umerziehungslager hießen sie, waren Arbeits- und Sterbelager, waren Konzentrationslager. Viele tausend Vietnamesen verschwanden spurlos hinter dem Stacheldraht, in den Strohhütten dieser Lager. Millionen Vietnamesen wurden in Sumpfgebiete umgesiedelt, bekamen Malaria. Es waren nicht nur die Reichen, die Grundbesitzer und Geschäftsleute, es waren Leute aus allen Schichten des Volkes.

Aber Presse, Rundfunk und Fernsehen in Europa, in Amerika, die freie, westliche Presse schwieg dazu. Sie feierte den Sieg des Friedens, der zur Niederlage der kleinen Leute wurde.

Es fragte auch niemand nach den Flüchtlin-

Vietcong-Panzer im Zentrum von Saigon, 30. April 1975

gen aus dieser Sozialistischen Republik Vietnam. Noch im selben Jahr, 1975, begann der Strom der Flüchtlinge zu fließen, spärlich erst, aber er schwoll an von Jahr zu Jahr, zählte bald nach Tausenden.

Anfangs waren Kambodscha und China Ziele der Flüchtlinge, aber es dauerte nicht lange, da machte China seine Grenzen dicht, und Kambodscha lag selbst unter der Blutherrschaft der »Roten Khmer«. Von da ab schob sich der Flüchtlingsstrom aus dem Landesinneren an die Küste, wurde breiter von Monat zu Monat. Es war nicht nur die Angst vor den Kommunisten, vor Bespitzelung, Erpressung und Diebstahl, vor Mißwirtschaft und Mangel, der so viele Menschen aus ihrer Heimat trieb. Ihnen fehlte die Hoffnung auf eine Zukunft in Vietnam.

DAS DRITTE KAPITEL

*in dem von einem Schiff ohne Hafen erzählt wird,
von Menschen ohne Heimat,
von einer winzigen Insel und Maschinengewehren
und davon, daß mit Geld allein
noch nichts gewonnen ist*

Seit dem Fall der Stadt Saigon, seit 1975, war Vietnam aus den Nachrichten verschwunden. Erst im Spätherbst 1978 machte es wieder Schlagzeilen.
Der Grund dafür war ein Schiff. Es hieß *Hai Hong*, war ein rostiger alter Frachter, und seine Fracht war die heißeste, die es gab im Südchinesischen Meer: Menschen. Die *Hai Hong*, das wußte damals noch niemand, sollte mit dieser Fracht Geschichte machen.

Am 15. Oktober 1978 klarierte die *Hai Hong* aus dem Hafen von Singapur aus. Zielhafen war Hongkong, so jedenfalls stand es in den Ladepapieren. Nur geladen hatte die *Hai Hong* nichts, sie lief leer. Die *Hai Hong* war noch nicht richtig aus dem Hafen von Singapur heraus, da änderte sie schon den Kurs. Jetzt lief sie nicht mehr nordöstlich auf dem üblichen Schiffahrtsweg nach Hongkong; sie drehte ab nach Norden, drehte direkt auf die Küste von Vietnam zu.

Zehn Tage später hatte sie ihre Fracht an Bord, 2 500 Vietnamesen. Kurs Indonesien. Aber dort sperrten die Behörden die Hoheitsgewässer, drängten die *Hai Hong* zurück auf See.
Also weiter nach Malaysia. Im Hafen Klang wollte die *Hai Hong* anlegen, ihre Fracht endlich an Land bringen. Die Hafenpolizei forderte die *Hai Hong* auf, umgehend den Hafen zu verlassen. »Wir haben Maschinenschaden«, funkte der Kapitän an Land, »wir würden ja auslaufen, aber wir können nicht.« Die *Hai Hong* rührte sich nicht. Am Ufer gingen Truppen in Stellung.
So verging eine Woche. Die Lebensmittel an Bord wurden knapp. Am Tag knallte die Sonne unbarmherzig auf das Schiffsdeck, heizte die Frachträume auf zu Backöfen. Die Hälfte der Fracht waren Kinder. Waschwasser gab es längst nicht mehr, Trinkwasser war streng rationiert. Die *Hai Hong* rührte sich nicht. So verging die zweite Woche.

Während an Bord die stinkenden Abfallhaufen wuchsen und sich die Ratten langsam ausbreiteten, wurde an Land fieberhaft verhandelt. Die malaysische Regierung in Kuala Lumpur hatte eine klare Meinung: »Das ist alles eine organisierte Aktion. Die Vietnamesen sind überhaupt keine Flüchtlinge, sondern Auswanderer. Vietnam läßt sich die Ausreise noch bezahlen, aber wir sollen die Leute aufnehmen und versorgen. Jeder Auswanderer, der bei uns an Land geht, zieht hundert andere nach. Unsere Flüchtlingslager sind jetzt schon voll. Das Schiff muß aus dem Hafen!« Die Polizei notierte die Personalien der Flüchtlinge, nahm ihre Fingerabdrücke. Mechaniker kamen an Bord, reparierten die Maschine. Dann wurde die *Hai Hong* vor die Küste geschleppt. Draußen ging sie vor Anker.

Frankreich, Kanada und die USA wollten Flüchtlinge von der *Hai Hong* nehmen, wenige erst, dann jeder 600; unter verschiedenen Bedingungen. Auch die malaysische Regierung stellte ihre Bedingungen: »Keiner darf in die überfüllten Flüchtlingslager. Das Schiff wird nur schubweise verlassen, jeder kommt direkt zum Flughafen.« Rund um die *Hai Hong* wurde die See zum Sicherheitsgebiet erklärt; also keine Presse an Bord. Die *Hai Hong* rührte sich nicht. So verging die dritte Woche.

In Deutschland stand die *Hai Hong* inzwischen auf den Titelseiten der Zeitungen. Spenden gingen ein und Angebote: »Wir nehmen fünf von der *Hai Hong*, die können erst mal bei uns wohnen.« Fehlte nur noch die Einreiseerlaubnis. Die *Hai Hong* rührte sich nicht. So verging die vierte Woche.

Dann kam aus Hannover eine Regierungserklärung. Ministerpräsident Albrecht garantierte 1 000 Vietnamesen die Einreise nach Niedersachsen. Während die ersten Passagiere der *Hai Hong* nach Frankreich, Kanada und den USA ausgeflogen wurden, startete am 1. Dezember 1978 eine Maschine der Bundeswehr nach Malaysia. Am selben Tag kamen in Paris 238 Vietnamesen von der *Hai Hong* an. *Brot für die Welt* rief zu einem »Weihnachtsopfer« auf.

Morgens um sieben Uhr, es war noch dunkel, landete die Boeing 707 in Hannover-Langenhagen. 163 Vietnamesen stiegen aus, in Decken gewickelt gegen die Kälte. Nach der Begrüßungsrede bekamen sie Tee, Obst und Reissuppe. Schon im Flugzeug hatten Eßstäbchen gefehlt. »Heute sind wir dem kommunistischen System entflohen«, sagte einer von ihnen, »wir können jetzt frei leben.« 1 500 Dollar Kopfgeld hatten sie dem Kapitän der *Hai Hong* zahlen müssen, das erzählten sie.

Warme Sachen wurden verteilt und Spielzeug für die Kinder, und es wurde vorgemacht, wie man Handschuhe anzieht. Es war der Tag, den man bei uns den ersten Advent nennt. Advent... heißt das nicht Ankunft?

Die *Hai Hong* war nicht das einzige dieser Schiffe. Die *Huey Fong* lud im Dezember

Im Transitlager Palawan auf den Philippinen

3 318 Vietnam-Flüchtlinge im Hafen von Hongkong ab, die *Tung An* nur drei Tage später 2 300 Flüchtlinge in Manila, die *Shyluck* brachte zwei Monate später 2 651 Menschen wieder nach Hongkong. Das waren die großen Schiffe; niemand zählte die kleinen Küstenfrachter und Fischerboote.

Die Flüchtlingslager waren schon jetzt randvoll, morgen würden sie überquellen. Die malaysische Regierung stellte eine Eingreiftruppe zusammen, die *Task Force VII*, schnelle Patrouillenboote mit Maschinengewehren. Einzige Aufgabe der *Task Force* war es, die Flüchtlingsboote abzudrängen, nach Süden oder sonstwohin.

Bereits im Juni 1979 war Rupert Neudeck zum größten Auffanglager der Flüchtlinge geflogen, nach Pulau Bidong. Noch bevor er den Fuß auf die Insel vor der malaysischen Küste setzte, stockte ihm der Atem. Bis vor wenigen Monaten hatten dort ein paar Ratten gelebt und Schlangen. Jetzt lebten 45 000 Menschen auf der winzigen Insel, lebten zusammengepfercht auf etwas mehr als einem Quadratkilometer. Die Hütten standen dicht an dicht, nicht nur nebeneinander, oft stand

Manche warten 10 Jahre auf die Aufnahmegarantie.

eine Hütte auf der anderen, so eng, daß die Menschen sich weder zum Schlafen ausstrecken noch aufrecht darin stehen konnten.

Das Gewühl von Menschen, die Enge, war unbeschreiblich. Rupert Neudeck ging von Hütte zu Hütte, drückte sich durch die engen Gassen. Nirgends Toiletten, Dreck und Elend knöcheltief. Und es war fast nicht zu glauben: Es gab auf der Ratteninsel Pulau Bidong weder Pest noch Cholera. Nur mit eiserner Disziplin entgingen die 45 000 der Seuche, hielten Hütten und Kleidung so sauber wie irgend möglich. Am einzigen unbebauten Hang der Insel lag der Kot ordentlich gehäuft in endlosen Reihen und wurde von der stechenden Mittagssonne keimfrei gebrannt.

Noch am selben Morgen trieb ein völlig verrotteter Kahn an den Strand, unbemerkt von den Booten der *Task Force*. Er zerfiel in Stücke, als er den Strand berührte. 46 Menschen krochen über die Trümmer auf den Sand; völlig erschöpft von vier Tagen auf See, verbrannt von Sonne und Salzwasser, blutig geschlagen vom Seegang.

Für einige war das Hospital die letzte Rettung, das Hospital auf der *Ile-de-Lumière*, die seit Wochen schon vor der Ratteninsel Pulau Bidong auf Posten lag. Ein Mädchen starb, kaum anderthalb Jahre alt. Aber nebenan kam ein kleines Mädchen zur Welt, gesund und sieben Pfund schwer. Die Eltern nannten ihr Kind Dao Anh Sang, das heißt »Ile de Lumière« oder »Insel des Lichts«.

Am nächsten Tag, Rupert Neudeck kauerte gerade in einer Hütte, raste eine Nachricht durch das Lager: Ein Boot hatte die Sperre der Militärboote durchbrochen, war auf den Strand gelaufen. Alle hasteten hinunter zum Spülsaum, wo 200 Menschen aus einem nicht mal 25 Meter langen Boot stiegen. Die Gestrandeten sprangen ins flache Wasser, humpelten und krochen an den Strand. Und

dann sahen sie in Gewehrläufe. Die *Task Force* hatte den Strand abgeriegelt.
In langer Reihe standen die Soldaten den Strand hinunter, jeder den Karabiner im Anschlag auf diesen Haufen Elend. Hinter der Schützenkette standen inzwischen Tausende von Flüchtlingen, standen wie eine lebende Mauer den Hang hinauf, hilflos und trotzig und stumm. Die Soldaten standen auch unbeweglich, hilflos trotz ihrer entsicherten Karabiner.
Viele Frauen dort unten am Strand sackten zusammen, wurden ohnmächtig. Kinder schrien vor Hunger und Durst. Die Krankenschwestern, die Ärzte der *Ile-de-Lumière* rannten los, holten Wasser und Verbandszeug. Helfen durften sie zwar, aber nur unten am Strand; die Soldaten hatten Befehl, niemand auf die Insel zu lassen. Hinten am Hang stand die Mauer der Flüchtlinge, stand Stunde um Stunde stumm in der Nachmittagssonne.
Fast war es schon dunkel, da brach plötzlich Geschrei aus, lief die Mauer der Menschen entlang, wurde zum Jubel, gellte hinunter bis an den Strand. Die Menschen von Pulau Bidong tanzten, sangen, schrien, umarmten sich. Eben war der Befehl gekommen: Die 200 Flüchtlinge durften auf die Insel, durften in die Enge, in den Dreck, waren gerettet. Für wie lange?

Anfang des Jahres 1979 sah es so aus für die *Boatpeople:* Die USA wollten 25 000 von ihnen in die Staaten einreisen lassen, Kanada 16 500, die Bundesrepublik Deutschland 2 500. Das geschah noch ohne den Druck der breiten Öffentlichkeit.
Dann kam die Internationale Genfer Flüchtlingskonferenz. Dort zeigten sich die reichen Staaten spendabel. Geld ging ein in Massen, allein die Bundesrepublik Deutschland gab 32 Millionen Mark. Die USA wollten plötzlich 14 000 *Boatpeople* jeden Monat aufnehmen, Kanada monatlich 3 000; und die Bundesrepublik Deutschland erhöhte ihr Versprechen von 5 600 auf 10 000, im selben Jahr noch auf 13 000 und 20 000 Flüchtlinge.

Jetzt war es also soweit für das Komitee. Die Regierung in Bonn hatte zugesagt, *Boatpeople* in Deutschland aufzunehmen. Und Rupert Neudeck hatte in einer Fernsehsendung erklärt, jetzt müsse ein Rettungsschiff unter deutscher Flagge her.
»Wenn man weiß«, hatte er im Fernsehen gesagt, »daß im Chinesischen Meer täglich 2 000 Menschen ertrinken ... dann kann man diese Menschen nicht ruhig den Politikern und Verwaltungsleuten ... überlassen, denn das dauert alles zu lange. Deshalb müssen die Bürger aufstehen und etwas tun.«
Das war die Sendung gewesen, nach der die Spenden säckeweise kamen. Offenbar war die französische *Ile-de-Lumière* den Deutschen nicht recht gewesen. Die wollten ihr deutsches Geld lieber für ein deutsches Schiff spenden. Und jetzt spendeten sie.
In diesen Tagen kam die Nachricht, daß die *Ile-de-Lumière* vor Anker lag. Sie durfte

keine Menschen mehr aus Seenot retten, denn die französische Regierung hatte ihre Garantie zurückgezogen. Frankreich wollte keine Flüchtlinge aus Vietnam mehr haben. Und jeden Tag starben 2 000 Menschen auf dem Meer. Das *Komitee Ein Schiff für Vietnam* mußte sofort handeln.

Damit begannen neue Schwierigkeiten. Denn die Regierung in Bonn stellte sich stumm und taub. Rupert Neudeck und das Komitee bewegten sich zum ersten Mal auf dem glatten diplomatischen Parkett, und es fehlte nicht viel zu einer Bauchlandung.
Zuständig war das Auswärtige Amt, Referat »Katastrophenhilfe«, und das wollte gefälligst direkt informiert werden und nicht etwa aus der Zeitung oder dem Radio. Noch dazu war das Komitee doch ein rein privater Verein; von dem gab es nicht mal eine Akte im Haus. Durfte man solchen Leuten denn staatliche Unterstützung zusichern? Das wollte gut überlegt sein. Schließlich gab es noch andere Organisationen, das *Rote Kreuz* zum Beispiel. Sollten doch die etwas unternehmen mit ihren Millionen aus Steuergeldern. Aber die unternahmen immer noch nichts. Und jeden Tag ertranken 2 000 Menschen.

Die Lage spitzte sich immer mehr zu. Losfahren hätte ein Schiff des Komitees zwar können, auch Schiffbrüchige aufnehmen. Aber ohne Garantie der Bundesregierung ließ niemand diese Flüchtlinge wieder an Land.
Wo es um Tage und um Menschenleben ging, regierten Paragraphen und Bestimmungen. Einem der Journalisten, Franz Alt, platzte endlich der Kragen. In der *Bild am Sonntag* schrieb er einen offenen Brief an Bundeskanzler Helmut Schmidt:
»Wie lange, Herr Bundeskanzler, schläft Bonn noch? Am 19. Juni baten die Bürgerinitiative ›Ein Schiff für Vietnam‹ und Bundestagsabgeordnete aller drei Fraktionen die Bundesregierung um eine Garantie dafür, daß alle Flüchtlinge, die von deutschen Schiffen gerettet werden, über eine Luftbrücke in die Bundesrepublik Deutschland fliegen können. Die Bürgerinitiative hat inzwischen soviel Geld zusammen, daß das Schiff morgen vor Japan auslaufen kann. Aber: Die Garantie aus Bonn fehlt immer noch. Nach sechs Wochen...«
Das war Ende Juli.
Anfang August kam die Garantie. Das war der Startschuß, das *Schiff für Vietnam* konnte ablegen.

Thomas H. Nguyen

Ich bin freiwillig in die Armee gegangen und habe mich von den Amerikanern zum Hubschrauber-Piloten ausbilden lassen, weil ich von einem schönen Leben als Pilot träumte. Als Saigon fiel, steckten mich die Nordvietnamesen für drei Jahre ins Umerziehungslager. Als ich freikam, hatte ich immer noch keine Vorstellung, was ein guter Sozialist sein soll. Und ich dachte an Flucht.

Das Boot, mit dem wir fliehen wollten, war gerade repariert worden. Der Bootsführer fuhr immer wieder mit dem Boot hinaus, um es zu testen, wie er sagte. Jedesmal nahm er 50 Liter Diesel mit, füllte 20 oder 30 Liter davon in Kanister und versteckte sie zwischen den Felsen vor der Küste. Denn für die Flucht brauchten wir 600 Liter Diesel.

Und wir kauften Essen in ganz kleinen Mengen, das versteckten wir nach und nach im Keller unseres Fluchthelfers.

Auf dem Boot sollten etwa 50 Leute Platz haben. Wir teilten sie in vier Gruppen auf, die sollten sich am Fluchttag in Can Tho treffen, 100 Kilometer südwestlich von Saigon. Dort würden zwei kleine Flußboote warten, die sollten uns hinaus aufs Meer zu unserem Fluchtboot bringen.

Am 19. März 1980 trafen wir uns im Park von Can Tho. Es waren sehr viele Leute da; nach vier Stunden bekamen wir heraus, daß viele Polizisten in Zivil darunter waren, und wir brachen die Flucht ab. Zurück in Saigon, erfuhren wir von einem neuen Küstenwachboot, das alle Schiffe kontrollierte.

Am 23. März, vier Tage später, trafen wir uns wieder in Can Tho und stiegen in die beiden Taxiboote, die uns zum Meer brachten. Jeder hatte nur ein kleines Bündel mit dem Notwendigsten bei sich. Die Fahrt dauerte mehr als acht Stunden, aber auf dem Fluß war viel Verkehr, und so hatten wir keine Angst.

An der Flußmündung wurden wir nicht kontrolliert, weil unsere Boote so klein waren. Eine Stunde später stiegen wir in unser Fluchtboot auf dem Meer. Wir versenkten die Taxiboote, nachdem wir ihre Motoren auf das Fluchtboot gebracht hatten. Unser Fluchtboot war zehn Meter lang und anderthalb Meter breit. Wir waren 46 Menschen an Bord.

Ein Fischerboot fuhr in sicherer Entfernung vor uns her, es sollte uns vor Patrouillen warnen. Um uns herum gingen viele Fischerboote auf Tintenfischfang. Wir fühlten uns sicher.

Gegen Mittag folgte uns zwei Stunden lang ein staatliches Fischerboot. Am Nachmittag kam dann ein Küstenwachboot mit Volldampf auf uns zu. Wir bauten die beiden Motoren aus den Taxibooten ein und gingen auch auf volle Kraft. Während das Küstenwachboot hinter uns herjagte, sammelte ich von allen die Papiere ein, die wollte ich bei Gefahr über Bord werfen. Als die auf dem Küstenwachboot merkten, daß wir schneller waren, schossen sie auf uns mit Maschinengewehren und Panzerfäusten. Siebenmal sahen wir hohe Wasserfontänen. Nach zwei Stunden gaben sie auf.

Unser Bootsführer nahm wieder Kurs auf Malaysia. Um zehn Uhr nachts sahen wir ein Licht am Horizont. Es war ein großes Schiff. Wir leuchteten mit unserer Lampe und fuhren darauf zu. Das Schiff hieß *Bangkok* und war wohl ein Thaifischer. Die Thais machten Zeichen, uns mit nach Bangkok zu nehmen. Und sie zeigten uns Trinkwasser und Nudeln an der Reling.

Die Frauen hatten große Angst, aber zum Abhauen war es schon zu spät. Zwei Thais kamen auf unser Boot und machten es fest. Sie fragten freundlich, ob jemand krank sei. Dann kamen noch sieben Fischer auf unser Boot, sie brachten Nudeln mit und schenkten den Kindern Bonbons.

Plötzlich kamen zwei Thais auf mich zu, zogen ihre Messer und nahmen mir die Uhr ab. Und unter

Deck hörte ich Schreie. Ich riß die Luke auf und sah, wie eine Frau vergewaltigt wurde. Sie wurde noch dreimal vergewaltigt, zwei vierzehnjährige Mädchen und ein fünfzehnjähriges danach. Alle Frauen und Kinder waren dabei und mußten zusehen.

Dann wurden wir alle von den Piraten untersucht. Sie zerschnitten mit Messern unsere Hemden und Hosen, nahmen uns Ringe und Ketten weg und zerschlugen mit Hämmern die Decksplanken auf der Suche nach Geld oder Gold.

Dann mußten wir auf ihr Schiff kommen. Wir trugen die vergewaltigten Mädchen, sie konnten nicht mehr laufen. Auf dem Schiff war schon alles vorbereitet. Wir mußten uns an Deck setzen, wurden mit Scheinwerfern angestrahlt und bekamen Fisch und Reis. Kaum einer konnte etwas essen, die Frauen und Kinder weinten. 35 Fischer waren an Bord und wir waren nur acht Männer.

Die Thais setzten sich zu uns. Plötzlich ging das Licht aus. Als es wieder hell wurde, war eine Frau verschwunden. Sie wurde in der Kabine viermal vergewaltigt. Drei anderen Frauen ging es danach ebenso. Dann nahmen die Thais unser Boot vollständig auseinander, unser Bootsführer mußte mitgehen.

Als der Bootsführer zurückkam, sagte er mir, er wollte sich umbringen, die Piraten hätten seine Freundin so oft vergewaltigt, er könne sie nicht mehr heiraten. Ich hielt ihn fest, damit er nicht ins Wasser sprang.

Am nächsten Morgen mußten wir antreten und uns nackt ausziehen. Wir wurden einzeln untersucht, den Frauen griffen sie in die Vagina, ob da etwas versteckt wäre.

Als wir wieder auf unserem Boot waren, kamen noch vier Thais und stießen die Tonne mit Trinkwasser um. Mein Bruder wollte sie angreifen, aber sie hielten ihm das Messer an die Kehle. Dann kappten sie die Leine.

Unser Motor sprang nicht mehr an. Da kam einer der Thais auf unser Boot und brachte ihn tatsächlich zum Laufen. Aber alle auf unserem Boot waren wie gelähmt, der Bootsführer kümmerte sich nicht um das Ruder, also fuhr ich einfach drauflos. Nachts stoppten wir die Maschine und schwammen im Meer. Dann tranken wir etwas Wasser. Der Bootsführer wußte nicht, wohin wir fahren sollten.

Am nächsten Tag hielten zwei große Schiffe auf uns zu. Sie sahen ganz wie Piratenschiffe aus. Ich war so verzweifelt, daß ich mich an Deck legte und nichts mehr sehen wollte. Da stieß mich mein Nachbar an und zeigte mir einen Hubschrauber am Horizont. Ich bekam eine Gänsehaut und fing an zu weinen. Dann war der Hubschrauber über uns. Eine Frau winkte herunter, es war eine Europäerin. Ich legte an Deck ein weißes Tuch aus und zeigte auf die beiden Piratenschiffe. Da flog der Hubschrauber zu den Piratenschiffen und umkreiste sie ganz dicht, kam wieder zurück und zeigte uns die Richtung, in die wir fahren sollten.

Dann war der Hubschrauber plötzlich verschwunden, und die Piraten kamen wieder näher. Erst nach einer halben Stunde kam der Hubschrauber wieder zurück und zeigte uns den Weg. Dann umkreiste er wieder die Thaischiffe. Endlich drehten die Thaischiffe ab.

Nach drei Stunden sahen wir ein Frachtschiff, auf dem landete der Hubschrauber. Wir fuhren längsseits, und von oben rief eine Stimme, wir brauchten keine Angst zu haben. An der Bordwand stand *Cap Anamur*.

DAS VIERTE KAPITEL

*in dem von Tagen voller Hoffnung die Rede ist
und Nächten voll Enttäuschung, von Befehlen und Verboten,
von Maschinenpistolen und Papieren und davon,
daß mit gutem Willen allein
noch nichts gewonnen ist*

Gelassen dröhnte unter Deck der Diesel. Im Logbuch von Kapitän Voss war der 9. August 1979 aufgeschlagen: »Auslaufen Kobe, Japan.« Vorn am Bug des Schiffes stand in dicken weißen Buchstaben *Cap Anamur*.
Der Diesel dröhnte. Vergessen war die Abgestumpftheit der Regierung in Bonn. »Mit Ihrem Rettungsschiff«, das hatte Rupert Neudeck mehr als einmal gehört, »da locken Sie die Flüchtlinge ja geradezu aufs Meer hinaus und in den Tod.« Und als er noch erklärte, drei Monate lang wolle er mit der *Cap Anamur* so viele *Boatpeople* aus dem Wasser ziehen wie irgend möglich und in den Hafen von Singapur bringen, da war den Herren in Bonn anfangs etwas schwindelig geworden. »Dann nehmen Sie doch nicht so viele (Flüchtlinge) aus dem Wasser«, hatte einer der Staatssekretäre gesagt. Das alles war jetzt vergessen.
Jetzt dröhnte der Diesel durch das Schiff: Motorschiff *Cap Anamur*, Mehrzweckfrachter, 118 Meter lang bei 17 Metern Breite, Laderaum 347 000 Kubikfuß, ausgerüstet für 200 Flüchtlinge, der Kawasaki/MAN-Diesel gut für 6 000 PS.
Der Diesel dröhnte bei Tag und bei Nacht. Vergessen war die Streiterei mit der Schiffahrtsbehörde; denn ursprünglich durfte die *Cap Anamur* nicht einmal lebendes Vieh transportieren, geschweige denn Menschen. Der Diesel dröhnte unaufhörlich. Vergessen war der knappe Zeitplan, die Hektik vor der Abreise. Der Chirurg Paul Lunkenheimer hatte Ärzte und Krankenschwestern in einer Blitzaktion für die Reise zusammengetrommelt, nachts mit dem Telefon. Tagsüber hatte er mit den großen Pharmafirmen telefoniert, hatte so lange auf sie eingeredet, bis die Firmen sich fast schämten, wenn sie keine Medikamente für die *Cap Anamur* spenden durften.
Professor Lunkenheimer war schon am 2. August nach Japan geflogen, um dort die

schweren Kisten voller Medikamente aus Deutschland in Empfang zu nehmen. Zwei Tage später waren Ärzte und Krankenschwestern nachgekommen. Flug über den Nordpol auf die andere Seite der Erde.
Jetzt dröhnte der Diesel vor der japanischen Küste. Die Mannschaft der *Cap Anamur* hatte bis zum Umfallen geschuftet, hatte Zwischendecks in die weiten Laderäume eingebaut, auf den Zwischendecks Toiletten aufgestellt und Duschen und 200 Pritschen hingenagelt. Dort lagerten auch die Spenden aus Japan, 1 500 Decken, Kleider und eine Riesenkiste mit Blutplasma vom *Japanischen Roten Kreuz*. Das Kinderspielzeug der katholischen Gemeinde Kobe lag ausgebreitet auf den Pritschen.
An der Insel Formosa dröhnten die Diesel vorbei, dröhnten zwei, drei Tage lang bis Hongkong, dröhnten weiter ins Südchinesische Meer.
Jetzt endlich war die *Cap Anamur* vor Vietnam angekommen, war im Einsatzgebiet. Die Beobachter standen mit ihren Ferngläsern oben auf der Brücke. Sie suchten das Meer ab, suchten nach kleinen Schiffen, Fischerkähnen voller *Boatpeople*, suchten vom ersten Morgengrauen bis in die Dunkelheit, unermüdlich.
Kein Schiff, kein Mensch, nicht einmal eine Planke trieb im Wasser. Rauh war die See, und der Wind trug Kämme aus Gischt über die Wellen, seit Tagen schon. Da waren viele Flüchtlingsboote wohl gar nicht erst gestartet.

Tag für Tag war die Erwartung groß. War da nicht etwas, dort querab hinter dem Wellenkamm? Wo? Wo denn? Nein, doch nicht, wieder nicht. Abends kam die Enttäuschung. Nichts, auch heute nichts, immer noch nicht. Nur der Diesel dröhnte.
Erst in der Nacht wurde es still, daß jeder meinte, sein Herz im Leibe schlagen zu hören. Rupert Neudeck hatte gesagt: »Wir stoppen die Maschine. Sonst fahren wir womöglich noch im Dunkeln an einem Schiff vorbei.« Also lag die *Cap Anamur* mit gestoppter Schraube auf den Wellen, hell beleuchtet bis über die Toppen; jede Lampe brannte an Deck, sollte zeigen, wo Rettung und Hilfe war Nacht für Nacht. Und Nacht für Nacht vergeblich.
Die zehn Reporter an Bord wurden immer nervöser. Drei Tage nichts, eine ganze Woche lang nichts. Wozu waren sie denn hergekommen? Und im Radio wurde gemeldet, der Flüchtlingsstrom sei sowieso abgeebbt, kaum ein Drittel soviel Flüchtlinge wie im Monat davor. War die *Cap Anamur* zu spät gekommen? War denn alles schon vorbei, alles umsonst gewesen?
Vietnam war ja auf der Genfer Flüchtlingskonferenz vor einem Monat aufgefordert worden, seine Grenzen dichtzumachen. Das war die Quittung; die Verzweifelten kamen nicht von der Küste weg, mußten in ihrem Land bleiben, aus dem sie sogar unter Lebensgefahr fliehen wollten.
Die Reporter auf der *Cap Anamur* waren schwer enttäuscht. Keine Flüchtlinge mehr,

Auf dem Deck der CAP ANAMUR

das hieß auch: keine Bilder, keine Berichte. Es war verrückt, jeder Seemann betete um gute Fahrt; aber die Reporter von ARD und ZDF hofften von morgens bis abends auf Flüchtlinge, möglichst viele Flüchtlinge, am besten zwei, drei Schiffe jeden Tag.

Immer noch geschah nichts. Aber Kapitän Voss hielt die *Cap Anamur* unbeirrt auf Kurs, ließ weitersuchen, fuhr 20 Meilen vor der Küste Vietnams entlang.
In der Nacht zum 18. August endlich gab Rupert Neudeck den Befehl: »Wir laufen auf die Anambas-Inseln zu. Hier hat es ja keinen Zweck. Und dort werden wir gebraucht.«

Sie waren noch Meilen entfernt von den Inseln, da kam der Funker der *Cap Anamur* auf die Brücke gestürmt: »Vor den Anambas liegt die *Ile-de-Lumière*. Im Schiffshospital ist Hochbetrieb. Sie versorgen dort das Flüchtlingslager.«

Und so war's auch. Kaum lag die *Cap Anamur* neben der *Ile-de-Lumière*, da fuhren

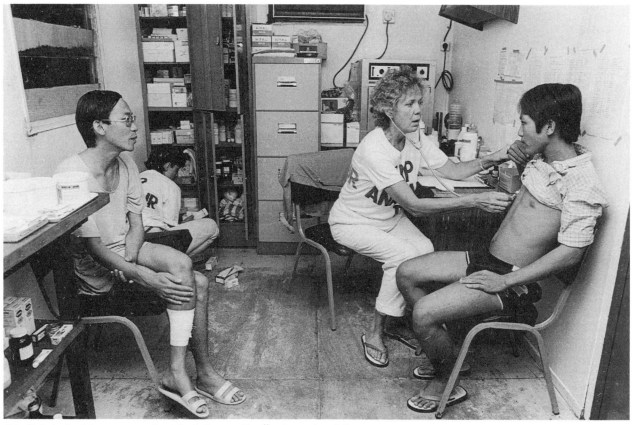
Medizinische Versorgung der Flüchtlinge: die Ärztin Uda Shibata

Ärzte und Krankenschwestern hinüber auf das Schwesterschiff und sahen sich den Hospitalbetrieb und die Patienten an. Zustände wie in einem normalen Krankenhaus hatte keiner erwartet, aber was sie dann sahen, machte sie stumm.

Die Kinder der Flüchtlinge waren besonders schlimm dran, abgezehrt alle und viele krank. Monatelang hatte der »Malaysische Rote Halbmond« (so heißt dort das *Rote Kreuz*) die französischen Ärzte an der Arbeit gehindert, hatte ihnen sogar verboten, die Menschen in dem überfüllten Flüchtlingslager gegen Pest und Cholera zu impfen.

Jetzt endlich durften die Ärzte von der *Ile-de-Lumière* helfen. Aber für einige Kinder war es zu spät; im Schiffshospital starb noch am selben Abend ein junges Mädchen.

Nur die Reporter von der *Cap Anamur* waren froh, die hatten endlich etwas zu berichten.

In der Nacht dann Streitgespräche auf der *Cap Anamur*. Besonders Kapitän Voss war ganz aufgeregt: »Ein einziger Dreck in den Lagern, kaum Wasser und nicht genug zu essen, und jeden Mittag eine Affenglut, und wir, wir liegen hier vor Anker, prima ausgerüstet mit Duschen und Decken und Medikamenten – aber die Pritschen bleiben leer. Wir dürfen uns in aller Ruhe das ganze Elend ansehen. Nur helfen dürfen wir nicht, weil die malaysische Marine uns nicht ins Lager läßt. Ich halte das nicht aus. Das beste wär's, wir laden den ganzen Kahn voll Leute und dampfen ab nach Singapur bei Nacht und Nebel.«

Rupert Neudeck sagte nur, und es tat ihm weh: »Wenn wir das machen, einmal nur, dann ist das ganze Unternehmen in Gefahr.« Er sagte es ziemlich laut, und dann ging er in seine Kabine. Hinter ihm riefen sie durcheinander: »Heute nacht noch! Jawoll, tausend Leute, voll bis an die Luken, und dann aber ab.«

Am nächsten Morgen war der Spuk verflogen. Aber drüben an Backbord die Insel und das Lager voller Flüchtlinge, Elend und Dreck waren noch da.

Nachmittags um zwei erschien an Steuerbord ein Kanonenboot der malaysischen Marine. Ein paar Offiziere kamen an Bord, verbeugten sich äußerst höflich und erklärten in ausgesuchtem Englisch: »Herr Kapitän, meine Herren, es tut uns ganz außerordentlich leid, aber die *Cap Anamur* ist hiermit festgenommen. Sie kreuzen in malaysischen Gewässern, bedauerlicherweise fehlt Ihnen dazu aber ein kleines Papier, Ihnen fehlt die Erlaubnis der malaysischen Marine. Bitte glauben Sie uns, es ist uns alles sehr, sehr peinlich; aber Befehl ist leider Befehl.«

Die Reporter an Bord waren ganz glücklich. Malaysische Offiziere mit Maschinenpistolen auf der *Cap Anamur*, das Kanonenboot in Schußweite, und dahinter dampfte in der Nachmittagssonne das Flüchtlingslager – solche Bilder waren ja unbezahlbar.

Mitten hinein in die ganze Aufregung platzte der nächste Befehl. Die *Cap Anamur* mußte nach Singapur auslaufen und dort die fehlende Erlaubnis besorgen. Die Offiziere verbeugten sich wieder und entschuldigten sich vielmals höflich. »Wir bedauern das alles sehr, denn wir wissen, warum Sie hergekommen sind. Aber nehmen Sie bitte sofort Kurs auf Singapur.«

Während der Diesel warmlief, holte ein Beiboot schnell zwei Ärzte von der *Ile-de-Lumière* ab. Die beiden waren im Sichtschatten der *Cap Anamur* mit wichtigen medizinischen Apparaten hinübergefahren. Das Beiboot holte sie mitten aus einer Operation. Jetzt dröhnte der Diesel wieder; langsam nahm die *Cap Anamur* Fahrt auf. Kurs Singapur. Sie hatte nicht einen einzigen Flüchtling an Bord.

Zwei Tage später war die *Cap Anamur* in Singapur. Das fehlende Papier wurde besorgt und die *Cap Anamur* besser ausgerüstet. 100 Klinikbetten wurden gekauft, das

Stück zu 20 Mark, und im zweiten Laderaum aufgestellt. Dazu kamen zwei Operationstische, das Labor, eine Station für Notfälle und für leichte Fälle eine Ambulanz.
Und während die Besatzung der *Cap Anamur* sich die Seele aus dem Leib schuftete, taten sich in Deutschland merkwürdige Dinge. Die Reporter von ARD und ZDF, in Singapur frisch von Bord gegangen, brachten ihre Berichte ins Fernsehen. Und sie erzählten, die *Cap Anamur* sei arretiert, die ganze Sache gescheitert, das Spendengeld somit zum Fenster rausgeworfen. Sie ließen kein gutes Haar an der Aktion. Diese verzerrten Fernsehberichte hätten das Komitee beinahe den Kopf gekostet. Jedenfalls kosteten sie eine Menge Spendengeld.
Und zur gleichen Zeit erzählten im Hafen von Singapur deutsche Kapitäne und Offiziere den Leuten von der *Cap Anamur* Schauergeschichten, die sie selbst erlebt hatten; erzählten von klapprigen Booten, die auf ihre Schiffe zugetrieben waren; erzählten von den winkenden, schreienden, lachenden Menschen dort unten auf dem Wasser; erzählten davon, wie sie vorbeigefahren waren, an Schiffbrüchigen vorbei; erzählten von den Anweisungen der Reederei: »Was glauben Sie denn, was so ein Schiff kostet jeden Tag. Und wenn wir dann mit *Boatpeople* im nächsten Hafen auftauchen, an Bord können wir sie ja nicht lassen, halten uns die Behörden doch wochenlang fest. Kann doch kein Mensch bezahlen. Also haben wir Anweisung, mündlich natürlich, fest nach Backbord zu gucken, wenn wir steuerbords was Verdächtiges sehen. Früher hab ich immer gedacht, weggucken ist einfach.« Die bärigen Seeleute putzten sich die Nase.
»Das haben die *Boatpeople* aber schnell rausgehabt. Das Neueste ist jetzt, die versenken ihren alten Kutter direkt neben unserm Frachter. Was soll man denn machen, wenn der Kahn da drüben plötzlich abschmiert und die Leute schwimmen gehen? Wie soll man da wegsehen? Im Gesetzbuch heißt so was ›unterlassene Hilfeleistung‹. Aber wer *Boatpeople* rausfischt, riskiert den Job. Haben Sie auch Frau und Kinder zu Hause?«
»Damit ist jetzt Schluß«, erklärten die Leute von der *Cap Anamur*, »immer rausholen. Ihr braucht sie nicht mehr an Land zu bringen, die übernehmen alle wir. Funkspruch genügt.«

DAS FÜNFTE KAPITEL

*in dem vom Ertrinken die Rede ist,
von Vorschriften und Paragraphen,
von Behörden und Kindern und davon,
daß die Suche endlich Erfolg hat*

Zehn Tage später war die Erlaubnis der Behörden da. Zur gleichen Zeit kam auch die zweite Crew aus Deutschland, ein neuer Kapitän und ein neuer Organisator für die *Cap Anamur*.
Leinen los! Raus aus Singapur – der Diesel dröhnte wieder. Diesmal wollte sich das Komitee keine Schlappe mehr leisten, wollte nicht wieder wochenlang erfolglos herumschippern. Das große Schiff kostete Geld, kostete Spendengeld, jeden Tag. Aber Ertrinkende muß man erst finden, um ihnen helfen zu können. Also wieder Kurs auf die Anambas-Inseln mit ihren vielen Flüchtlingslagern.
Eine Woche lang betreuten die Ärzte und Krankenschwestern die Menschen in den Baracken auf der Insel Galang; Malaria, Hautkrankheiten, Geschwüre. Sie waren die allerersten Ärzte auf Galang. Auf Galang sollten, wenn es nach der Regierung ging, ab jetzt alle Flüchtlinge der Inseln zusammengeführt werden.

Am liebsten hätten die Behörden die *Cap Anamur*, so gut ausgerüstet wie sie war, gar nicht wieder weggelassen. Ein schwimmendes Hospital, das wie ein Sammeltaxi die Flüchtlinge von den Anambas-Inseln zusammenholte nach Galang, und alles kostenlos – so ein Schiff war Gold wert.
Aber nach einer Woche dampfte die *Cap Anamur* zurück nach Singapur; sie hatte 147 Kinder an Bord, Kinder ohne Begleitung; wo die Eltern und Verwandten der Kinder waren – wieder in Vietnam, auf See ertrunken, vielleicht in irgendeinem Lager –, das wußte keiner. Die Kinder wurden ins Flugzeug nach Deutschland gesetzt. Für die Rückreise zu den Anambas kamen Lebensmittel an Bord, 390 Tonnen Reis, 66 Tonnen Öl und Sardinen, 16 Tonnen Zucker.

Rupert Neudeck ging von Bord, flog nach Bangkok, besorgte dort ein paar wichtige Papiere, flog zurück nach Frankfurt. Noch am Flughafen rief er zu Hause an.

Ein winziger Punkt in der unendlichen Weite...

»Kaum bist du runter vom Schiff, ist gleich was los«, sagte seine Frau Christel, die mit der *Cap Anamur* in ständiger Verbindung war. »Die *Cap Anamur* war noch nicht richtig aus Singapur raus, da hat sie erst 174, dann noch mal 42 Schiffbrüchige aufgenommen.«

»Soll ich gleich wieder einen Flug buchen?« fragte Rupert Neudeck.

»Neenee, komm erst mal heim. Die *Cap Anamur* hat die Leute ja von anderen Schiffen übernommen. Also nicht akute Lebensgefahr. Und die Kinder warten auch schon, unsere.«

Das dicke Ende kam erst noch – nämlich nach der dritten Aktion dieser Art. Der dänische Frachter *Anders Maersk* hatte die *Cap Anamur* angefunkt, sie hätten da ein paar Schiffbrüchige gesichtet, das Boot schon fast abgesoffen. »Aber die holen wir nur raus, wenn ihr sie übernehmt. Wir selber dürfen nicht.« Die *Cap Anamur* übernahm sie.

Eine Woche später saß Rupert Neudeck im Auswärtigen Amt in Bonn. Und wurde runtergeputzt, kam sich vor wie beim Verhör. Was er sich eigentlich dächte; die Flüchtlinge auf dem dänischen Frachter wären ja wohl keine Schiffbrüchigen gewesen, oder? In akuter Seenot etwa? Oder etwa halb ertrunken? Nicht mal naß; die hätten doch warm und trocken auf dem dänischen Frachter gesessen.

»Aber die Dänen haben uns erpreßt«, sagte Rupert Neudeck, »was hätten wir denn machen sollen? Das Boot war 400 Meilen weit weg, längst abgesoffen, bis die *Cap Anamur* dort sein konnte!«

Egal. »Das Auswärtige Amt untersagt dem Komitee, Flüchtlinge zu retten, die durch kommerzielle Schiffe aus der Seenot aufgenommen wurden.«

Aber die elf von der *Anders Maersk*, die waren wenigstens gerettet. Fünf Tage hatten sie

Endlich haben die Leute von der CAP ANAMUR ein Flüchtlingsboot entdeckt.

auf dem Meer getrieben, der kleine Dieselmotor war schon am ersten Tag verreckt. Vier Frachtern waren sie in dieser Zeit begegnet, zweien am Tag und zweien in der Nacht. Die elf Fischer in dem kleinen Boot hatten Petroleum abgefackelt, Qualm bei Tag und Feuerschein bei Nacht; hatten gewinkt, als die Frachter immer näher kamen, hatten geschrien, als die Maschinen nicht stoppten. Sie mußten doch entdeckt werden auf so kurze Entfernung, entdeckt und gerettet!

Nein, die vier Frachter zogen vorbei, sahen nichts, wollten nichts sehen. Auch der fünfte fuhr vorbei, ungerührt, hielt Kurs recht voraus. Aber nach zwanzig Minuten drehte er eine Schleife und kam zurück. Es war die *Anders Maersk*.

In diesen schrecklichen zwanzig Minuten hatte sie die *Cap Anamur* angefunkt und Hilfe gefordert.

Die elf Menschen waren völlig erschöpft. Zuerst hatten sie noch gefürchtet, der Frachter wäre ein Schiff mit Ostblock-Flagge. Denn die Ostblock-Schiffe, das wußten sie, fischten immer wieder Flüchtlinge aus dem Wasser – aber nur, um die Verzweifelten zurückzubringen, zurück nach Vietnam ins Gefängnis.

Alltag, monatelang; Versorgung der Flüchtlinge auf den Anambas-Inseln mit Ärzten, Pflege, Medikamenten und Nahrungsmitteln. Kleinkrieg mit den Behörden, endlose Verhandlungen, kleine und größere Geschenke, Bestechungen, Besprechungen und Formulare.

Inzwischen war auch die *Flora* angekommen in Indonesien, das Schiff des *Deutschen Roten Kreuzes*. Chic sah sie aus, die *Flora*, wie aus dem Ei gepellt. Menschen und Nahrungsmittel konnte sie zwar kaum transportieren, hatte auch nur ein Mini-Hospital an Bord für 15 Kranke, aber dafür prima Krankenwaren mit Blaulicht. Das Blaulicht sehen und die Wagen abkassieren, war für die indonesischen Offiziere eins.

Das neue Jahr kam. Anfang Februar waren die Zeichen nicht mehr zu übersehen: Wieder schwappte eine Flüchtlingswelle hoch. Die *Cap Anamur* machte sich erneut auf die Suche.

6. Februar. Kurs Nord ins Südchinesische Meer und weiter in den Golf von Thailand. Immer diese ziehende Angst im Nacken, zwischen Booten von Halbertrunkenen durchzufahren. Doppelt und dreifach standen die Wachen oben im Ausguck, suchten krampfhaft den Horizont ab, starrten, hofften.

Am 10. Februar, es wurde gerade hell, sah Ray, Matrose auf der *Cap Anamur,* einen zarten Punkt am Horizont. Schnell wegsehen, Augen schließen, ausruhen. Bloß nicht verrückt machen lassen.

Ein paar Minuten später war der Punkt immer noch da, war größer als vorher. Irgendwas war da.

Nach einer halben Stunde war der Punkt klar zu erkennen. Ray raste runter, vorbei an der Brücke zur Kapitänskajüte, klopfte. »Käpten, da is 'n Boot.« Kapitän Urban sprang in die Hosen, kam auf die Brücke. Es wurde immer heller. Jetzt konnte jeder mit bloßem Auge sehen: Da torkelte ein kleines Boot auf den Wellen, offen, ohne Aufbauten. Also ein Fluchtboot. Die Leute dort unten warfen die Arme hoch, schrien.

»Alles aufstehen, Fluchtboot in Sicht!« schnarrte Kapitän Urban über den Bordlautsprecher. Das war gar nicht nötig, die Besatzung der *Cap Anamur* stand längst an der Reling, ließ die Enternetze an der Bordwand herunter; Matrosen kletterten hinunter, der Ladebaum mit der kleinen Bergungsplattform schwenkte aus.

Vorsichtig ging das Boot längsseits. Unten krallten sich die ersten an die Netze, kletterten die Bordwand hoch. Hände streckten sich entgegen, viele, zu viele Hände. »Ruhig, Leute«, kam es wieder über den Lautsprecher, »keine Panik. Nur die Mannschaft bleibt an der Reling.«

Dann standen die ersten an Deck, halb geschoben, halb gezogen, taumelig und weich in den Knien. Sie mußten gestützt werden, getragen, hatten nicht mal Kraft für ein Lächeln. Die Rettungsplattform kurbelte auf und ab, brachte Frauen und Kinder herauf. 39 Menschenleben.

Sie kamen allesamt zur Küche, bekamen heißen Tee, glücklich bepustet. Sechs Tage auf See hatten die 39 hinter sich, vier Piratenüberfälle mit Raub und Vergewaltigung, ihr Kahn war gerammt worden von den Piraten und dabei leckgeschlagen, seit vier Tagen hatten sie Wasser schöpfen müssen, um nicht zu sinken.

Mit erstaunlicher Geschwindigkeit richteten die 39 sich an Bord ein. Wer krank war oder unterernährt, bekam zwar Medikamente oder besondere Diät, aber das Essen kochten

Gemeinsam leben, gemeinsam feiern

sie schon bald selber. Bei den Hebekränen, zwischen Luke 1 und 2, hatten sie im Windschatten schnell drei Kochstellen eingerichtet mit riesigen Kochtöpfen für den Reis, Kochlöffeln aus Bambus, ein paar Schüsseln und Messern.

Fünf Tage später, es war der 15. Februar, sichteten die Matrosen auf der *Cap Anamur* wieder ein Boot. Es hing im Schlepp eines thailändischen Fisch-Trawlers. Als die Thais die *Cap Anamur* am Horizont auftauchen sahen, kappten sie das Schlepptau und zogen mit Höchstfahrt davon.
Die See war ganz ruhig. Die Enternetze hingen schon an der Bordwand, als die Schiffbrüchigen endlich längsseits kamen und heraufkletterten. Von den Vietnamesen an Bord wurden sie begeistert begrüßt, gestützt, zur Küche und den Pritschen in Luke 1 gebracht. Sie hatten wieder festen Boden unter den Füßen, waren angekommen.

Ende Februar feierten die 59 das vietnamesische Neujahrsfest, malten Plakate, Bilder, spielten Gitarre; Lieder aus Vietnam, Lieder aus Deutschland. Die deutschen Mediziner hatten Milchreis gekocht und Pudding. Bei diesem kleinen Fest an Deck der *Cap Anamur* fingen viele Flüchtlinge wieder an zu leben – und zu weinen. Erst jetzt fühlten sie sich wirklich gerettet und in Sicherheit, jetzt holte sie das Heimweh ein.

Huynh Thoang

Bis 1968 habe ich an der katholischen Universität von Dalat Betriebswirtschaft studiert, dann wurde ich Lehrer in einer katholischen Privatschule der Kaiserstadt Hue, mitten in Vietnam. Als die Kommunisten Südvietnam überfielen, mußten alle Männer über achtzehn für zwei Jahre zum Militär. Ich blieb aber fünf Jahre und wurde Offizier.

1975 kamen die Kommunisten, und ich habe in der Zeitung gelesen, daß alle Beamten und Offiziere ins Lager gebracht werden. Auch zu mir kamen sie und sagten, es sei nur für zehn Tage. Aber ich blieb vier Jahre in einem Umerziehungslager an der Grenze von Kambodscha.

Als ich entlassen wurde, durfte ich nicht nach Hause, ich mußte in eine »neue Wirtschaftszone«. Weil ich aus dem Lager kam und weil ich Katholik war, stand ich unter Polizeiaufsicht, niemand gab mir mehr Arbeit, und meine vier Kinder durften nicht studieren. Da sah ich keine Zukunft für mich und meine Familie.

Also hat unsere Familie, mein Bruder und die Verwandten, Geld gesammelt und heimlich ein kleines Boot gekauft. Dann sind wir eines Nachts losgefahren. Der Fluß Mekong hat seinen Ursprung in Tibet, und das Delta mit seinen tausend kleinen Flüssen mündet südlich von Saigon ins Meer. Auf den Flüssen fahren viele kleine Boote. Unseres hatte eine Lizenz zum Verkauf von Fischsoße.

Bis zum Meer waren 200 Kilometer auf dem Fluß zu fahren. Wir waren 50 Leute und hatten uns in fünf Gruppen aufgeteilt. Meine Frau ging mit zwei Kindern in eine Gruppe, ich mit zweien in eine andere. Unser Boot fuhr den Fluß hinunter, und eine Gruppe nach der anderen stieg zu. Aber meine Frau bekam Schwierigkeiten mit der Polizei und mußte zurück. Da fuhr ich mit den beiden anderen Kindern allein.

Am dritten Tag auf dem Fluß hielt uns die Ortspolizei an, wir sollten uns ausweisen. Und wir sagten: »Wir verkaufen Fischsoße. Wir haben viele Sorten, wollen Sie etwas nehmen?« Und ich gab den Polizisten zwei Liter Soße, damit sie uns nicht kontrollierten. An Deck standen nur die vielen Flaschen mit Fischsoße – und im Boot lagen die Flüchtlinge. Wir hatten großes Glück.

So kamen wir aufs Meer. Einer meiner Verwandten, ein Meteorologe, hatte uns zwar gesagt, um diese Jahreszeit sei das Meer ruhig. Aber am zweiten Tag auf See hatten wir zwei Meter hohe Wellen. Wenn unser Bootsführer nicht Kapitän der Marine gewesen wäre, wir wären alle ertrunken.

Am vierten Tag, vielleicht 200 Kilometer vor der Küste, haben wir morgens ein Schiff getroffen. Aber wir hatten Angst, denn auf unserem Boot war ein kleiner Junge, der war schon einmal geflüchtet; ein sowjetisches Schiff hatte ihn aufgegriffen und wieder nach Saigon zurückgebracht. Und der Junge sagte: »Vorsicht!« Wir hatten auch nie gehört, daß im südchinesischen Meer ein Schiff fährt, nur um Flüchtlinge zu retten.

Früh um vier Uhr war das, wir konnten den Namen des Schiffes in der Dunkelheit nicht lesen. So sind wir vorbeigefahren, aber das Schiff ist uns gefolgt. Und nach drei Stunden sagten wir uns, wir sind ja dumm, denn unser Boot ist fünf Kilometer schnell, das Schiff kann aber 30 Kilometer schnell fahren. Als es hell wurde, konnten wir an der Bordwand *Cap Anamur* lesen, dahinter stand »Hamburg«.

Da sind wir an Bord gegangen, und die *Cap Anamur* hat uns nach Singapur ins Flüchtlingslager gebracht. Aber das Lager war voll, und wir mußten fünf Tage auf dem Schiff warten. Dann kam die Genehmigung. Wir sind direkt vom Schiff zum Flughafen gefahren und nach Frankfurt geflogen. Dort wurden wir in drei Gruppen geteilt, meine Kinder und ich kamen nach Hamburg. Das war im Juli 1980.

Wir wohnten in einem Wohnheim und lernten zehn Monate Deutsch. Nachher haben wir viele Bewerbungen geschrieben. Drei Monate später bekam ich Arbeit in einem Altenheim, dort arbeite ich heute noch.

Nach zwei Jahren durften meine Frau und meine anderen beiden Kinder aus Vietnam nach Deutschland einreisen. Wir danken der deutschen Bevölkerung und dem Komitee Cap Anamur. Sie haben unser Leben gerettet.

Lagebesprechung an Bord der CAP ANAMUR

DAS SECHSTE KAPITEL

*in dem von einer mörderischen Perlenkette erzählt wird,
von kleinen Fischkuttern und großen Piratenbooten,
von Angst und letzten Hemden,
von einer Sklaveninsel und davon,
daß sich noch lange kein Richter findet
für jedes Verbrechen*

Was die 59 Flüchtlinge an Bord der *Cap Anamur* nur mit Stocken erzählten, ließ Ärzten und Krankenschwestern die Haare zu Berge stehen.

Durst und Hunger und quälende Enge auf dem Boot, Angst vor dem Ertrinken, das alles war schlimm. Das schlimmste aber waren die Piraten. Wie Perlen aufgereiht lagen die Piratenschiffe draußen vor der Küste, es war eine Kette ohne Schlupfloch. Mit ihren stabilen, schnellen Schiffen kamen die Piraten angerauscht, auf die Nußschalen voller Flüchtlinge zu, kreisten jedes Boot erbarmungslos ein.

Dann begannen sie ihre grausame, blutige Arbeit. Mit großem Geschick holten sie aus den verängstigten Flüchtlingen die spärlichen Wertsachen heraus, zogen sie aus bis aufs letzte Hemd, vergewaltigten die Frauen mitten auf dem Schiff vor aller Augen, warfen Kinder über Bord, schlugen die Männer und schleppten die hübschesten Frauen auf ihre Piratenschiffe, um sie irgendwo zu verkaufen.

Dann holten sie sich Trinkwasser und Treibstoff von den Fluchtbooten und warfen die Leinen wieder los. Das alles ging ganz geschäftsmäßig vor sich, man merkte ihre Erfahrung. An Gegenwehr war nicht zu denken; die Piraten hatten modernste M 16-Karabiner und von ihrem Kutter herunter freies Schußfeld auf so ein Flüchtlingsboot.

Hatten sie bei den Flüchtlingen nicht genug gefunden, dann schossen sie ihnen das Boot leck. Oder rammten es, das sparte teure Munition. Bei alledem machten sich die Piratenschiffe nicht einmal die Mühe, ihre Registriernummer zu verdecken. Es waren samt und sonders Fischkutter aus Thailand, und einige Flüchtlinge hatten sich die Nummern aufgeschrieben.

Drei, vier Piratenüberfälle auf ein Fluchtboot, das war keine Seltenheit, das war die Regel. Keiner entkam ihnen. Wer von den Flüchtlingen noch Gold gehabt hatte oder Dollars, der konnte froh sein, wenn ihm ein T-Shirt und das Leben blieb.

Nach drei Wochen Suchfahrt lief die *Cap Anamur* mit ihren 59 Passagieren wieder in Singapur ein. Nachdem die Flüchtlinge von den Behörden scharf befragt worden waren, ging alles glatt; sie kamen in das Transit-Zentrum und von dort weiter zum Flugplatz.

59 Menschenleben. Die Besatzung der *Cap Anamur* war dankbar. Die Fahrt hatte sich gelohnt.

Aber zufrieden war die Crew damit nicht. Sie hatte aus der Suchfahrt gelernt. »Daß wir die beiden Flüchtlingsboote gefunden haben, war reine Glückssache«, sagte Kapitän Urban. »Da nützt uns das schönste Schiff nichts. Mit unserem Radar finden wir kein Flüchtlingsboot, das sind reine Holzbauten, kein einziger Eisennagel an Bord. Die sind ja mit dem Fernglas eher zu erken-

Viele Thaifischer betreiben skrupellose Piraterie.

nen als auf dem Radarschirm. Wir könnten viel mehr Menschen vor dem Ertrinken und vor den Piraten retten, wenn wir bloß wüßten, wo wir suchen sollen!«

Für dieses Problem gab es nur eine Lösung: Luftaufklärung. Nur aus der Luft waren die winzigen Boote über weite Entfernung auszumachen, nur aus der Luft konnte die Riesenfläche Meer schnell genug abgesucht werden.

Klare Sache also, Luftaufklärung. Erster Vorschlag war eine Cessna, ein winziges Flugzeug, schnell und billig. Aber ein Flugzeug mußte irgendwann wieder landen, mußte also an Land zurück. Besser war da schon ein Hubschrauber, am besten einer, der direkt von der *Cap Anamur* starten und dort auch wieder landen konnte.

In Singapur gab's eine Firma, die vermietete Hubschrauber mit Pilot und Begleiter gleich wochenweise.

Wie gewöhnlich machten die Behörden etwas Ärger, bis auf der hinteren Ladeluke der *Cap Anamur* ein Hubschrauber-Landeplatz eingerichtet war. Dann endlich wurde der Hubschrauber übernommen, am 1. März ging die Suchfahrt los.

Die ersten Tage stand der Hubschrauber nur an Deck herum, wurde gar nicht gebraucht. Denn die *Cap Anamur* stieß kurz nach dem Auslaufen auf ein Flüchtlingsschiff: es war gerammelt voll, hatte 213 Vietnamesen an Bord. Das brachte tagelange Arbeit, bis alle ärztlich versorgt waren und sich auf dem Rettungsschiff eingerichtet hatten.

Dann startete der Hubschrauber. Jeden Tag machte der Pilot Mike Croft drei bis vier Flüge, suchte jedesmal 200 Meilen im Quadrat ab.

Gleich bei einem der ersten Flüge sah Mike drei kleine Boote, zerschlagen und schon fast gesunken; ringsherum schwammen Bretter, Stoffetzen und leere Kunststoffkanister. Mike drückte den Hubschrauber bis fast aufs Wasser herunter, sah sich die Wracks ganz aus der Nähe an, suchte lange. Aber Menschen fand er keine. Es war ein windstiller Tag, ruhige See; wahrscheinlich hatten Piraten sie alle über Bord geworfen.

Am 2. Mai 1980 übernahm die *Cap Anamur* 85 *Boatpeople* von einem Boot; das Boot war mehr ein Wrack – ein Wunder, daß es noch nicht gesunken war. Neun Menschen hatten schwere Verletzungen, Steckschüsse. »Das können wir hier an Bord nicht behandeln«, sagte der Chirurg der *Cap Anamur*, »zu gefährlich. Die müssen schnell an Land, sehr schnell.«

Während der Arzt die Verletzten notversorgte, ließ der Kapitän den Helikopter anwerfen. »Den hier zuerst«, sagte der Arzt, »der ist am schwersten dran; dann die Frau hier und den Bauchschuß.« Mike Croft donnerte mit den Verletzten los, auf das Festland zu, ins Krankenhaus. Stundenlang pendelte der Hubschrauber hin und her. Was hätten sie ohne ihn gemacht?

Nach und nach löste sich bei den anderen Flüchtlingen die Anspannung, sie konnten

Fünf mal dreieinhalb Meter Raum unter Deck: Auf diesem Fluchtboot waren 96 Menschen.

erzählen. Noch am Abend vorher war das lächerlich kleine Flußboot auf hoher See überfallen worden. Drei Piratenschiffe hatten es gerammt und die 95 *Boatpeople* auf ihre Schiffe getrieben, um sie besser berauben zu können.

Als die Flüchtlinge sich wehrten, wurden zwei Frauen und ein Mann sofort erschossen, dann packten die Piraten vier schreiende Kinder am Arm und warfen sie eins nach dem anderen in weitem Schwung über Bord. Eine Salve aus der Maschinenpistole brachte die Eltern zum Schweigen.

Dann mußten sich Männer, Frauen und Kinder nackt ausziehen und in Reihen aufstellen. Sofort fingen die Piraten an, die Flüchtlinge zu filzen, planmäßig und schamlos suchten sie nach Wertsachen. Dann wurden die Flüchtlinge zurückgetrieben auf ihr gerammtes, angeschlagenes Boot. Drei Flüchtlinge allerdings behielten die Piraten bei sich an Bord, ein sechsjähriger Junge war dabei.

Am 26. März 1980 saßen Mike Croft und der Arzt Georg Tafel zusammen in der Maschine. *Heli Services 9 V-BVL* ließ die Turbine warmlaufen, meldete sich per Funk ab, stieg auf zu einem neuen Suchflug. Die

»Ausguckwache« rund um die Uhr

Flüge waren mittlerweile Routine, seit Tagen schon ohne Erfolg.

Planmäßig suchten sie die See ab, während der Hubschrauber über die Wellen fegte. Tief unter sich, wo das Wasser noch nachtblau glänzte, fingen sie mit ihren Ferngläsern zu suchen an. Je flacher der Sehwinkel wurde, desto heller die See, lichtblau erst, dann gleißend grell im Sonnenlicht. Es dauerte immer nur Minuten, bis die Augen brannten.

Plötzlich war etwas da am Horizont. Tafel machte dem Piloten Zeichen, rief: »Da! Richtung zehn Uhr!« Mike hielt darauf zu. Der Helikopter donnerte über die Wellen, volle Pulle, 300 Stundenkilometer. Der Punkt dort hinten wurde schnell größer, teilte sich, wurde zu zwei, drei Punkten.

Dann sahen sie es. Drei große Schiffe hatten ein kleines, offenes Boot eingekreist. Die Schiffe waren zehnmal so groß wie das Fluchtboot, hatten Deckaufbauten, hatten Kajüten, es mußten Piraten sein. Der Arzt hielt seine Kamera schußbereit.

Alles ging sehr schnell. Als sie zum erstenmal drüberflogen, konnten sie sehen, wie dort unten hastig die Schiffsnummern mit Decken verhängt wurden. Und sie sahen Menschen auf den Schiffen in einer Reihe stehen, vorbereitet zum Plündern und Vergewaltigen.

Nie waren die Piraten bisher überrascht worden, jetzt gerieten sie in Panik. Sie schrien Befehle, fuchtelten mit den Waffen herum und warfen ihre Gefangenen über Bord. Dann kappten sie die Leinen, rammten das Fluchtboot und jagten nach allen Seiten. Dieseldunst hing über den Wellen.

Mike, der Pilot, hatte längst seine Position gefunkt und wartete so lange, bis die *Cap Anamur* heran war und die Schiffbrüchigen übernehmen konnte, die sich auf das sinkende Boot gerettet hatten.

Georg Tafel hatte die Piraten fotografiert; trotz der vorgehaltenen Decken hatte er die Registriernummern der Schiffe erwischt, hatte die Piraten zusammen mit den Flüchtlingen auf dem Film – beim Ausplündern, beim Überbordwerfen.

Die Fotos gingen samt Registriernummern der Schiffe und langen Berichten nach Bangkok an den *Hochkommissar für Flüchtlingswesen der Vereinten Nationen (UNHCR)*. Nichts geschah. Die Berichte wurden säuberlich abgeheftet. Niemand tat etwas, durfte etwas tun.

Denn in Wahrheit wollte niemand die *Boatpeople* haben: Vietnam war froh, sie für gutes Geld los zu sein.

Die Staaten ringsherum richteten teure Abwehrtruppen ein.

Die Piraten aber, die schreckten kostenlos Flüchtlinge ab. Damit waren die Staaten Südostasiens stillschweigend einverstanden; sie hatten auch ohne Flüchtlinge genug Probleme, und deshalb wollten sie die Verbrechen nicht sehen, die jeden Tag dort draußen auf dem Meer geschahen. Ging das Weltparlament der Vereinten Nationen nicht mit gutem Beispiel voran? Hatte es Vietnam nicht aufgefordert, seine Grenzen für die *Boatpeople* dichtzumachen? Und da sollte sich so ein Hochkommissar der UNO für ein paar Flüchtlinge dort draußen auf dem Meer abstrampeln? Warum denn? Abheften den Bericht, Ordner zu, fertig. Je mehr Piraten es gab, desto weniger Flüchtlinge trauten sich aufs Meer hinaus.

Die *Boatpeople* machten sich keine Illusionen: »Vier von zehn werden von der Küstenwache geschnappt«, so rechneten sie, »vier weitere fallen den Piraten in die Hände. Aber zwei von zehn, die kommen durch.« Die das sagten, waren durchgekommen.

Einer der Offiziere des »Hochkommissars für Flüchtlingswesen« hielt das irgendwann nicht mehr aus. Eine Insel, sechs Kilometer vor der thailändischen Grenze, war bekannt und berüchtigt als Pirateninsel. Flugzeuge hatten unten am Ufer ein riesiges SOS entdeckt, das Flüchtlinge am Strand aus Steinen gelegt hatten.

Das Foto mit diesem SOS hing über dem Schreibtisch des Offiziers Theodore G. Schweitzer, als er hinging und ein paar Kutter mietete. Und mit diesen Kuttern startete er einen Angriff auf die Pirateninsel Koh Kra.

Erst fand er mit seinen Leuten nur Spuren, fand ausgebrannte Bootswracks, fand Büschel von langen Haaren, also Frauenhaaren, fand blutige Kleiderfetzen, BHs und Kinderschuhe, fand Inschriften und Warnungen, mühsam in den Felsen geritzt: »Zuerst bekommt ihr zu essen, dann wird euch alles genommen. Sie kommen zu Hunderten und vergewaltigen euch reihum. Dann werden sie euch töten.«

Der UN-Offizier Schweitzer fand mit seinen Leuten ein ganzes Frauenlager auf der Insel; die Gefangenen warteten darauf, für 50 Dollar verkauft zu werden – in ein Bordell nach Bangkok vielleicht, wo Tausende von Touristen aus den reichen Ländern keinen Gedanken dran verschwendeten, woher die jungen Mädchen und Frauen in den Vergnügungsvierteln kamen.

Theodore G. Schweitzer und seine Männer retteten von der Insel Koh Kra 250 gefangene Frauen. So etwas hatte es in der Geschichte der UNO, der *Vereinten Nationen*, noch nicht gegeben. Es kam nicht einmal zu einem Kampf, denn die Piraten waren völlig überrascht, hatten auf der Insel keine Gegenwehr erwartet, schon gar nicht von Leuten in Uniform.

Unter dem Druck der Öffentlichkeit kaufte die UNO im selben Jahr 1980 ein Patrouillenboot zum Einsatz gegen die Piraten. Das Boot stellte sie ausgerechnet der Thai-Marine zur Verfügung; also genau der Behörde, die ständig beteuerte, mit den vielen Fotos und Berichten über Piraterie leider gar nichts anfangen zu können, die von der *Cap Anamur* und anderen Schiffen abgegeben wurden.

In Wahrheit wollte niemand die Flüchtlinge haben.

Der Hafen von Singapur: Ohne Aufnahmegarantie dürfen die Flüchtlinge nicht von Bord.

Hoang Thi Mai

Wir waren gerade dreizehn Monate verheiratet, da mußte mein Mann als Wehrpflichtiger in die kommunistische Armee. Er floh am dritten Tag. Nun konnte er nicht mehr nach Hause zurück, sonst wäre er verhaftet worden. Damals war unser Sohn gerade zwei Monate alt, er war unser erstes Kind. Mein Mann ist dann allein aus Vietnam geflohen, und wir hörten, daß er in einem Flüchtlingslager auf den Philippinen gut angekommen war. Da haben meine Familie und die Familie meines Mannes versucht, uns eine neue Zukunft zu geben.

So sind wir am 5. Juli 1981 geflohen, zwei Monate nach meinem Mann. Wir gingen zu sechst an die Küste, vier Geschwister meines Mannes waren bei uns. Da war mein Kind acht Monate alt.

In der ersten Woche auf See haben wir viele Schiffe gesehen, die fuhren nahe an uns vorbei, aber keins hat uns geholfen.

In der zweiten Woche auf See kam Sturm auf, und wir verloren unseren Kompaß. Er war nicht angeschraubt gewesen, damit wir ihn vor Militärschiffen aus Singapur oder Malaysia verstecken konnten. Wir wären alle verhaftet worden, denn ein Kompaß kostete 2 000 Dollar, und nur wer fliehen will, braucht einen Kompaß an Bord.

Dann haben wir keine Schiffe mehr gesehen. Wir dachten, wir sind nicht mehr auf dem richtigen Kurs, und kehrten um. Wir irrten auf dem Meer herum, eine Woche, noch eine und noch eine. Aber wir sahen einen Monat lang kein einziges Schiff.

Eine hochschwangere Frau mußte ihr Kind im Boot zur Welt bringen. Beide sind zwei Tage später gestorben, bald darauf auch ihr erstes Kind. Wir waren 87 Menschen an Bord, und wir hatten nichts mehr zu essen. Mein Kind ist auch gestorben. In diesen Tagen starben auch zwei Geschwister meines Mannes, der Junge war sieben Jahre alt, das Mädchen fünf.

Am Anfang haben wir noch gebetet für jeden Toten, dann hatten wir keine Kraft mehr dazu. Wir haben nur noch im Boot gelegen und manchmal die Augen aufgemacht, um zu sehen, ob der Mensch da neben uns noch lebt oder schon gestorben ist. Wasser war auch keines mehr da. Wir haben das Deck aufgebrochen, aus den Brettern ein Feuer angezündet und haben einen Topf mit Meerwasser darübergestellt. Am Deckel des Topfs schlug sich der Dampf nieder, wenn man den Deckel schräg stellte, dann tropfte Süßwasser in eine Schüssel. Aber das brachte nur zwei Teelöffel am Tag für jeden.

Es war in der sechsten Woche, als die Sterbenden uns baten, ihr Fleisch zu nehmen, damit die übrigen wieder Kraft bekämen. Und so haben die Leute, die noch genug Kraft hatten, das Fleisch der Toten aufgeschnitten für die Lebenden.

In derselben Woche kam Regen. Alle haben ihre Kleidung ausgebreitet, um das Wasser aufzufangen. Unsere Kleidung war schmutzig, verschwitzt und salzig, aber wir hatten zu trinken. Niemand von uns hat mehr an Rettung gedacht, auch unser Motor war längst kaputt. Aber wir glaubten an Gott.

Und dann sahen wir ein amerikanisches Schiff, grau, also Marine. Es beobachtete uns. Wir sahen es, sahen es lange, aber wir hatten nicht mehr die Kraft zu winken.

Es war der 44. Tag auf See, als die Amerikaner auf unser Boot kamen und uns gerettet haben. In der ersten Nacht auf dem amerikanischen Schiff starb eine zwanzigjährige Frau. Alle Toten wurden in amerikanischen Uniformen auf See bestattet.

Das Marineschiff hat uns auf dem Militärstützpunkt Subic Bay auf den Philippinen abgesetzt. Von den 87 Leuten, die auf das Fluchtboot gegangen sind, waren noch 29 am Leben.

Im Lager habe ich ein paar Tage später meinen Mann wiedergesehen.

DAS SIEBENTE KAPITEL

*in dem die Rede ist von viel Arbeit in aller Stille,
von Spendengeld und fast von Pleite,
von Wolkenbruch und Reis und Hunger
und vom Schachern um Menschlichkeit und
Menschenleben*

»Hätt' ich nicht gedacht, daß bei euch soviel gelacht wird«, sagte die junge Frau. Sie stand in der Tür zum Wohnzimmer, lachte selber und guckte in die Runde. Krankenschwester war sie und gekommen, weil sie helfen wollte; gekommen, um sich hier in Troisdorf bei Köln anzuhören, was »die vom Komitee« für Leute brauchten. Hinter ihr in der Küche stand ein Chirurg mit dem Messer in der Hand und schmierte Schnitten.
Und Christel Neudeck erzählte gerade von dem seriösen Herrn, der eines Tages hier aufgekreuzt war, erst keinen Haken für seinen schönen Filzhut fand, vom Sofa wieder hochsauste, weil der Platz schon von einem Quietsche-Entchen der Neudeck-Kinder besetzt war, und dann fragte: »Aber eine Klimaanlage, verehrte Frau Neudeck, die haben Sie doch sicher bei diesem Projekt?« Die Geschichte war gar nicht lang, aber zwischendurch hatte zweimal das Telefon geklingelt. Christel Neudeck störte das nicht.

Troisdorf, Kupfergasse 7, Wohnung der Familie Neudeck und Hauptquartier des »Komitees Not-Ärzte«. Hier saß Christel Neudeck und hielt die Fäden in der Hand, also Telefonhörer, Bratpfanne und Kugelschreiber. Sie tütete Bittbriefe ein, sammelte Spendenquittungen, besorgte Einreisevisa und Flugtickets. Und vor allem, sie hielt Kontakt mit den Leuten vom Komitee. Sie bastelte die Termine zusammen und plante. Alles so »nebenbei«, schließlich hatte sie einen Haushalt und zwei Kinder.

»Durch ihre Hände gehen Millionen«, hatte eine Illustrierte mal klotzig geschrieben. Wenn sie Kassiererin einer Bank wäre, niemand würde über die Millionen in ihren Händen schreiben. War Spendengeld, Hilfsgeld also anders?
Regelmäßig kamen die Mitglieder des Komitees in Troisdorf zusammen, regelmäßig kamen auch die »Neuen«, Krankenschwe-

stern und Ärzte, die ihren Urlaub darangeben wollten, um kostenlos sechs Wochen lang auf der *Cap Anamur* Dienst zu tun; länger konnte sich kaum jemand freimachen, kürzer aber lohnte nicht, denn jeder »Neue« brauchte zum Eingewöhnen seine Zeit.

Es war im Frühjahr 1981, als Rechtsanwalt Dr. Rüber immer öfter in Troisdorf anrief. Eigentlich war er Schatzmeister des Komitees, aber jetzt war er ohne »Schatz«. In den ersten drei Monaten des Jahres waren gerade 100 000 Mark an Spendengeld zusammengekommen. Die *Cap Anamur* kostete Monat für Monat viermal soviel, kostete Miete und Treibstoff, Medikamente und Verpflegung, kostete Tag für Tag, ob sie im Hafen lag oder ob der Diesel dröhnte. Die Mitglieder des Komitees, schrieb Dr. Rüber, sollten sich ernsthaft überlegen, »ob man das Schiff halten kann«. Es konnte nicht mehr lange dauern, dann waren die letzten Geldreserven verbraucht.

Ein großes Loch in die Komiteekasse hatte die Aktion »Reis für Vietnam« gerissen. Eine

»Rekrutierungstreffen« von Medizinern und Technikern bei Familie Neudeck

Christel Neudeck

Blitzaktion war das gewesen. Denn der Sommermonsun war dieses Jahr mit Wirbelstürmen über das Land Vietnam gerast, hatte Häuser und Hütten plattgewalzt, Wolkenbrüche hatten Straßen und Brücken weggefegt, Menschen und Tiere in die strudelnden trüben Fluten gezogen. Und die Äcker, die Felder versanken. Viele tausend Menschen wurden über Nacht obdachlos, standen vor dem Nichts. Besonders schwer war die Provinz Than Hoa getroffen, die Reisernte völlig vernichtet.

Kurz entschlossen hatte das Komitee der Regierung von Vietnam eine Lebensmittelspende angeboten, Reis für 3 Millionen Mark. »Wir nehmen das Geld erst mal vom Spendenkonto für die *Cap Anamur*«, entschied das Komitee. »Die Menschen haben Hunger, wir können nicht warten, bis in ein, zwei Monaten vielleicht die ersten Spenden kommen.«

Also brachte ein Frachter schon die ersten 1 000 Tonnen Reis nach Vietnam. Leute vom Komitee flogen in die Provinz Than Hoa, damit der Reis auch wirklich bei den Menschen ankam und nicht etwa unterschlagen wurde. »Entweder wir verteilen den Reis selber, oder die Sache bleibt.« Knallhart hatte Rupert Neudeck mit der vietnamesischen Regierung verhandelt, hatte sich durchgesetzt.

Inzwischen lief in Deutschland der Spendenaufruf an, damit 200 000 Menschen in Tahn Hoa zu essen bekamen, Reis zum Leben, »Reis für Vietnam«. Der Reis war gekauft, der Frachtraum auf dem Schiff für die nächsten Fahrten gemietet. Aber niemand spendete Geld. Das hatte keiner erwartet, keiner vom Komitee. Und ein paar Wochen lang sah es so aus, als müßte das Komitee die *Cap Anamur* aus Geldmangel aufgeben. Das Komitee stand kurz vor der Pleite.

Erst nach und nach erholte sich das Spendenkonto für die *Cap Anamur* wieder. Die Arbeit konnte also doch weitergehen.

Inzwischen war die *Cap Anamur* unermüdlich im Einsatz. Mit viel Erfahrung und Glück entdeckten die philippinischen Matrosen einen alten Fischerkahn nach dem anderen. Und was ihren Falkenaugen entging, das spürte der Hubschrauber auf. Hunderte und Tausende von verzweifelten Menschen fischte die *Cap Anamur* aus dem Meer.

Das »Schiff für Vietnam« war sehr erfolgreich in diesen Monaten. Manchem war es zu erfolgreich. Nicht lange, da setzte im Fernsehen und in den Zeitungen eine Kampagne ein, diesmal gegen die *Cap Anamur* und ihre Arbeit.

Das Schiff locke die Vietnamesen geradezu aufs Meer hinaus, hieß es; die *Cap Anamur* sei jetzt keine Rettungsinsel mehr für Menschen in Not. Nein, sie sei zum Magnet geworden, der die Vietnamesen unwiderstehlich anzieht, Hunderte und Tausende von Vietnamesen, mehr und immer mehr, die ihr Land verließen, nur um im reichen Westen nicht mehr in Not und Armut zu leben. »Wirtschaftsflüchtlinge sind das, allesamt.« So oder ähnlich redete das Fernsehen, so redeten die Herren von den Vereinten Nationen und der Vorsitzende vom *Deutschen Roten Kreuz*. So redeten auch bald die Politiker. Der Ministerpräsident von Hessen sagte sogar: »Das Schiff zwingt die Leute aus dem Land.«

Das stimmte ganz und gar nicht. Rupert Neudeck und das Komitee erklärten es immer wieder. »Wenn jemand sich in ein baufälliges, schlecht ausgerüstetes und völlig überladenes Boot setzt und damit aufs Meer hinausfährt, wenn er also die besten Chancen hat, beim ersten Sturm zu kentern, von Piraten ausgeraubt oder umgebracht zu werden, dann tut er das, weil ihm die Angst im Nacken sitzt, die Angst vor Umerziehungslager und Drangsal. Keiner setzt sich in eine Nußschale, um ein Schiff zu finden, das irgendwo im Südchinesischen Meer kreuzt. Da stehen die Chancen höchstens eins zu einer Million; um das zu sehen, reicht ein Blick auf die Landkarte.«

Ständig mühte sich das Komitee, aber es kämpfte wie gegen eine Gummiwand. Denn die Wortführer gegen die *Cap Anamur* wa-

Flüchtlingsboote – überquellende Nußschalen

ren nicht zu treffen, waren angesehene Leute. Noch spendeten die Menschen in Deutschland, aber wie lange noch? Irgendwann mußte dieses Trommelfeuer einfach Eindruck machen. Und was sollte werden, wenn das Geld in ein paar Wochen wirklich ausblieb? Sollte die *Cap Anamur* ihre Arbeit einfach einstellen und die Menschen dann ertrinken lassen?

Ganz langsam leiteten die Politiker die »leise Lösung« ein. Wenn kein Bundesland mehr Flüchtlinge aufnahm, dann blieb die *Cap Anamur* eines Tages auf ihren Geretteten sitzen, wurde ihre »Ladung« im Hafen nicht mehr los. Und eine volle *Cap Anamur* konnte keine neuen Menschen aufnehmen. Da würde den Leuten vom Komitee schnell die Luft ausgehen und das Geld obendrein. Es war ganz einfach. Vor allem brauchten die Politiker dann nicht die Wahrheit zu sagen, brauchten nicht zu sagen: wir haben Millionen Arbeitslose, wir haben Tausende von Asylanten, wir wollen keine weiteren Ausländer. Und wir wollen nicht mehr teilen. Aber das sagten sie eben nicht.

September 1981 stand auf dem Kalender. Die *Cap Anamur* kreuzte durch das Südchinesische Meer, 330 *Boatpeople* hatte sie in den letzten Wochen an Bord genommen. Und es wurden täglich mehr. Eine neue Flüchtlingswelle schwappte hoch; viele Chinesen waren dabei – auch die Regierung in Ho-Chi-Minh-Stadt war ausländerfeindlich.

Was der *Cap Anamur* fehlte, war die Garantie der Bundesregierung in Bonn. Ohne Garantie aber wurde die *Cap Anamur* die Flüchtlinge nicht los. In ein paar Wochen, hieß es aus Bonn, würde die Garantie kommen.

Die *Cap Anamur* lief nach Singapur, bunkerte Diesel und nahm Nahrungsmittel über. Und die Flüchtlinge? Was nicht kam, war die Garantie aus Bonn. »In ein paar Tagen«, hieß es nur.

Die *Cap Anamur* legte wieder ab, fuhr aus dem Hafen mit 330 Menschen an Bord, die Laderäume fast schon voll. Kapitän Wangnick wußte nicht weiter; aber im Hafen liegen und gar nichts tun, das wollte er auch nicht. Vielleicht konnte er Leben retten, bis die Garantie kam.

Kapitän Wangnick war mehr vorn in Luke 2 bei den 330 als auf der Brücke. Wie sollte er den Menschen dort unten in ihren beiden Zwischendecks erklären, warum sie zurück auf See gingen?

Und die Garantie aus Bonn kam nicht. »Ganz bestimmt aber am Mittwoch«, hieß es und ». . . nur noch ein paar Kleinigkeiten . . .«

Noch auf dem Weg ins Suchgebiet gabelte die *Cap Anamur* ein Boot auf, neun Meter lang, 68 Menschen. Das Wasser war ihnen lange ausgegangen. Die Kinder, ausgedörrt von der See, mußten sofort an den Tropf gehängt werden.

Kapitän Wangnick hatte also recht gehabt: Die *Cap Anamur* konnte Menschen retten in

Vietnamesische Dolmetscher sorgen für eine erste Verständigung.

der Zwischenzeit. Statt 330 jetzt also 398 Gerettete an Bord. Und keine Garantie aus Bonn.

Schon am nächsten Morgen hatte der dritte Offizier wieder einen Punkt an der Kimm entdeckt. Die *Cap Anamur* änderte den Kurs, hielt in voller Fahrt drauf zu. Der Punkt wurde langsam größer, wurde zu einem Boot. Oben drüber flatterte eine Fahne, weiß, SOS stand darauf. Also ein Fluchtboot.

Die Alarmsirene heulte über die See. Der vietnamesische Dolmetscher Nguyen Huu Huan stand schon am Megaphon und beruhigte die Menschen drüben auf dem Boot. »Habt keine Angst«, rief er hinüber, »wir wollen euch helfen! Das ist ein deutsches Schiff. Wir sind hier, um euch zu retten. Wir nehmen euch an Bord. Wir sind keine Piraten. Habt keine Angst!«

Dann lief die Rettungsaktion an. Windstärke vier, also Gefahr. Der baufällige Kahn konnte leicht auseinanderbrechen, wenn er beim Anlegen gegen die Bordwand der *Cap*

In der stürmischen See droht das Boot auseinanderzubrechen.

Anamur knallte. Die Enternetze mußten runter und: »Rettungskran ausschwenken!« Die Matrosen kletterten die Bordwand hinunter. Ganz ruhig, alles Routine.

Und dann, das Boot hatte vorsichtig festgemacht, öffnete sich dort unten das Bootsdeck. Rupert Neudeck sagte später, es wäre gewesen, als wenn man von einem Sarg den Deckel hebt. Dort unter Deck lagen sie eng beieinander, verkeilt, verknäult, Arme und Beine durcheinander, ein erstarrtes Gewimmel. Nur mühsam entwirrte sich das Knäuel,

schälten sich einzelne heraus, steif, fast leblos die Glieder.

Die Matrosen beruhigten sie: »Langsam, schön langsam. Einer nach dem anderen, nur keine Panik.« Sie halfen, wo sie konnten. Jetzt kam die Rettungsplattform wieder herunter. »Ruhe, nicht drängeln; hier die Frau kommt auf die Plattform, die beiden Kinder.« Das Boot hielt wirklich so lange, bis alle an Bord der *Cap Anamur* waren.

Mehr als zwei Tage hatten die *Boatpeople* aneinandergepreßt unter Deck gesteckt, 80

Menschen in dem winzigen Boot. Es dauerte Stunden, bis sie überhaupt stehen konnten. Aus den 398 Flüchtlingen an Bord waren jetzt 478 geworden. Und keine Garantie aus Bonn.

Ende Oktober 1981 hatte Kapitän Wangnick 605 Menschen an Bord. Über *Norddeich Radio* funkte er nach Troisdorf, er müsse jetzt abdrehen, raus aus dem Suchgebiet. Wegen Überfüllung geschlossen.
Das dachte er wenigstens, als die *Cap Anamur* Kurs nahm auf Puerto Princesa auf den Philippinen. Auf dem Weg dorthin trafen sie wieder auf ein Fluchtboot. »Zustand erbärmlich« stand später im Logbuch; die beiden Ärzte hatten Hochbetrieb im Operationssaal. Als erste kam eine junge Frau auf den OP-Tisch, Frühgeburt auf See, starker Blutverlust.
Jetzt waren 703 Flüchtlinge an Bord. Und keine Garantie aus Bonn.

Ein paar Tage später, Ende Oktober 1981, war Konferenz der Ministerpräsidenten in Bad Kreuznach. Auch über die *Cap Anamur* sprachen die Regierungschefs der deutschen Länder, aber sie hielten sich nicht für zuständig. Sieben der Herren wollten die ganze Aktion gleich ganz einstellen, Ministerpräsident Vogel empfahl, die 703 Flüchtlinge mit Hubschraubern aus der Luft zu versorgen, damit sie nicht verhungern müßten.
Die Herren berieten und berieten und kamen zu keiner Einigung. Das Feilschen um Menschenleben ging so lange weiter, bis Ministerpräsident Ernst Albrecht aus Niedersachsen endlich sagte: »Als Christ kann ich das nicht mitmachen.« Das soll die anderen Herren sehr erbost haben.
Nur die Länder Berlin, Bremen, Niedersachsen und Nordrhein-Westfalen wollten ihre Quote übernehmen, ihren Anteil von den 703 Flüchtlingen, 328 Menschen. Sie einigten sich auf den 23. November als Flugtag für die Flüchtlinge; also fast vier Wochen noch.
Und wer sollte dann an diesem 23. November nach Deutschland fliegen dürfen und wer nicht? Und wer sollte das entscheiden? Das Komitee hoffte auf eine Garantie der übrigen sieben Bundesländer, hoffte Tag für Tag, hoffte vergeblich.
Keiner vom Komitee hatte geglaubt, daß es dazu kommen würde: Aber am 24. November mußte die *Cap Anamur* aus dem Hafen laufen, mit 377 Menschen an Bord. Rupert Neudeck und seine Frau waren völlig verzweifelt, dachten schon an Hungerstreik als letztes Mittel. Was mögen die Menschen auf der *Cap Anamur* in diesen Tagen gedacht haben? Vier Toiletten gab es an Bord und vier Waschgelegenheiten.
Es dauerte noch einmal drei Wochen, einundzwanzig Tage und Nächte, da halfen die übrigen Länderregierungen, halfen so wie die Menschen, die Tag für Tag ihr Geld spendeten, damit die *Cap Anamur* Leben retten konnte. Mitte Dezember endlich waren die Zwischendecks der *Cap Anamur* leer.

Philippinische Patrouillen stoppen die CAP ANAMUR – ohne Aufnahmegarantie dürfen die Flüchtlinge das Schiff nicht verlassen.

Die 703 *Boatpeople* hatten wieder Boden unter den Füßen.

Drei Tage später ging eine Pressemitteilung aus Niedersachsen durch die Zeitungen: »Ich halte es für eine moralische Pflicht, Menschen zu helfen, die sich in Lebensgefahr befinden«, hieß es darin. Ministerpräsident Albrecht garantierte für weitere 200 Menschen, damit das Komitee die Spenden der Bevölkerung ausnutzen und die *Cap Anamur* wieder losschicken könne. Er war überhaupt der einzige Regierende in Deutschland, der dem Komitee immer wieder schrieb, er freue sich über die Rettungsaktionen der *Cap Anamur*.

Die Länder Baden-Württemberg und Nordrhein-Westfalen schlossen sich an. Garantie für 600 Menschen.

Und die *Cap Anamur* nahm wieder Kurs auf Vietnam. Geld hatte das Komitee für fünf Monate, das hieß 2 000 Menschenleben.

Huynh Thi Xuan Thu

Als 1975 die Kommunisten kamen, war ich zehn Jahre alt. Damals habe ich noch nicht soviel mitbekommen, aber in der Schule haben wir nichts außer Politik gelernt. Ich habe hart in der Schule gearbeitet, weil ich mir vorgenommen hatte, Medizin zu studieren und Ärztin zu werden. Meine große Schwester hat Abitur gemacht und sich sehr bemüht, damit sie studieren durfte. Aber wir haben es nicht geschafft, weil mein Vater bis 1975 Polizist gewesen war. Wir hatten keine Zukunft mehr in Vietnam. Mein großer Bruder sollte 1980 zum Wehrdienst. Aber wir wußten, daß alle Wehrpflichtigen nach Kambodscha in den Krieg geschickt wurden. Meine Eltern haben gesagt: »Wir haben unser Kind nicht für diesen Krieg großgezogen. Du kannst nicht zur Armee gehen.« Da ist er geflohen. Und die *Cap Anamur* hat ihn gerettet und auf den Weg nach Deutschland gebracht.

Es war 1982, als meine Eltern unsere Flucht geplant haben für meine große Schwester, für mich und meinen kleinen Bruder, der war zehn Jahre alt. Es war eine sehr schwere Zeit, meine Eltern hätten mich sehr gebraucht, denn meine Mutti lag damals schwer krank im Krankenhaus. Im Mai 1982 haben wir Abschied genommen von meinen Eltern.

Für die Flucht haben wir uns geteilt. Meine Schwester ist mit einem Taxiboot zum Meer gefahren, mein Bruder und ich fuhren in einem anderen. Wir hatten Glück und sind beide auf einem großen Fluchtboot angekommen. Aber meine Schwester kam nicht. Da mußte ich die Verantwortung für meinen kleinen Bruder übernehmen. Damals war ich siebzehn.

Wir hatten die Lebensmittel und das Wasser für uns alle auf mehrere Taxiboote verteilt, nur eins davon kam zum Fluchtboot. Aber wir konnten jetzt nicht mehr zurück.

Am zweiten Tag auf See hat uns die vietnamesische Küstenwache entdeckt. Die wollte uns zurückschleppen nach Saigon. Wir wurden alle festgenommen.

Meine Eltern hatten mir ein bißchen Gold gegeben, damit wir etwas hatten in dem fremden Land. Das mußte ich jetzt alles hergeben, die anderen gaben auch alles, was sie hatten, damit sie nicht wieder zurück mußten. Es dauerte einen halben Tag, bis sie uns wieder freiließen.

Wir hatten viel Sturm und Wind und hohe Wellen in den nächsten Tagen. Am vierten Tag haben wir ein dänisches Schiff getroffen. Das Schiff hat uns aufgenommen, und wir sind nach Singapur gefahren. Weil mein Bruder schon in Deutschland war, durften wir auch dorthin, das heißt Familienzusammenführung. Heute arbeite ich als Arzthelferin.

DAS ACHTE KAPITEL

*in dem von einer Garantie die Rede ist,
von Hoffnung und Jubel und Rettung,
aber auch davon, wie es ist,
wenn jemand mitten in der Arbeit aufhören muß*

Es ging also wieder los, und der Diesel dröhnte.
Eine neue Medizin-Crew war an Bord der *Cap Anamur*, zwei Notärzte, neue Notschwestern. Eigentlich hatte der Arzt Hans Georg Tafel gerade in Urlaub fliegen wollen mit seiner Freundin, Indonesien, mal ausspannen. Aber knapp vor dem Abflug erwischte ihn noch der Anruf aus Troisdorf: »Könnt ihr uns helfen?« Jetzt stand er eben an Bord der *Cap Anamur*, zusammen mit seiner Freundin, die war Krankenschwester.
Der Arzt war ein Vollprofi, bewährt in vielen Einsätzen für das Komitee; genau das brauchte die *Cap Anamur* jetzt. Denn jetzt mußten Entscheidungen her – schnelle, kompetente.

Wie hatten die Politiker sich das bloß vorgestellt. 600 Menschen durfte die *Cap Anamur* an Bord nehmen – und dann? Was sollten die Matrosen mit dem 601. machen? Zurück ins Meer und ertrinken lassen?

Die *Cap Anamur* änderte ihre Taktik. Bei dieser Reise kamen nur noch schwere Fälle an Bord, Frauen mit Kindern, Verletzte und Kranke ins Schiffshospital. Aber wenn die Leute gesund waren, der Fischkutter noch in Ordnung, dann nahm die *Cap Anamur* den Kutter in Schlepp, brachte ihn bis zur nächsten Küste. Und dann konnten alle nur noch hoffen, daß keine Piraten in der Nähe waren und keine Marine. Drei Kutter schleppte die *Cap Anamur* bis in Küstennähe, einen zu der Ratteninsel Pulau Bidong. Die *Boatpeople* bekamen Briefe mit von der *Cap Anamur*, Briefe nach Deutschland. Bis heute ist keiner angekommen.

Schon im Mai 1982 waren die erlaubten 600 Menschen an Bord. »Das sind die letzten«, hieß es aus Baden-Württemberg und Nordrhein-Westfalen, »unsere 200 nehmen wir nur, wenn danach Schluß ist.«
Rupert Neudeck flog nach Deutschland zu Ministerpräsident Albrecht. Sie trafen sich in

Wo findet ihr eine neue Heimat?

Bonn, verhandelten und beratschlagten. Das Komitee hatte Geld, hatte ein Schiff. Und vor Vietnam ertranken die Menschen.
Als Rupert Neudeck im Zug saß und nach Hause fuhr, hatte er vom Land Niedersachsen eine Garantie in der Tasche für 350 Menschen. Noch einmal durfte die *Cap Anamur* hinausfahren und Leben retten, ein letztes Mal.
Aber die Garantie galt nur für Niedersachsen, nicht für die Bundesregierung in Bonn. Das sollte Folgen haben.

»Wir haben 350 Plätze bekommen. Niedersachsen garantiert für euch alle.« Der Jubel auf der *Cap Anamur* war unbeschreiblich. Die Flüchtlinge dort unten in Luke 2 klatschten und trampelten auf den Pritschen herum, umarmten sich und sangen. Der Dolmetscher ließ sein Megaphon sinken, er konnte nicht mehr übersetzen, was Rupert Neudeck noch verkündete. »Wir laufen aus zum Flüchtlingslager Puerto Princesa, dann fliegt ihr nach Deutschland.« Es dauerte lange, bis die 284 Flüchtlinge sich wieder beruhigten; manche waren schon länger als zwei Monate an Bord.

Aber die Bundesregierung gab keine Garantie. Seit zehn Tagen lag die *Cap Anamur* schon in Singapur und konnte nicht auslaufen. Was das Land Niedersachsen garantierte, das ging die Bundesregierung nichts an. Zehn Tage lang schon Ungewißheit; zehn Tage, das kostete Nerven und 120 000 Mark.
Rupert Neudeck flog wieder nach Bonn. Und während er in Bonn verhandelte, bugsierte ein Lotse die *Cap Anamur* vorsichtig durch das Schiffsgewimmel auf der Reede von Singapur. Das Komitee wollte Tatsachen schaffen, wollte die *Cap Anamur* einfach ohne Garantie zum Flüchtlingslager schicken. Die Garantie aus Bonn würde schon kommen ... wie immer bisher ...

Nach langen Verhandlungen wieder ein paar Aufnahmeplätze...

Aber von Bonn kam das Aus. »Die Bundesregierung kann unter den gegebenen Umständen keine Garantie für die Flüchtlinge in Südostasien mehr geben. Sie hat aufgrund eines Votums des Finanzministeriums sich außerstande gesehen...« Und so weiter.
Die Bundesländer hatten inzwischen ein Abkommen getroffen: Entweder nahmen sie alle zusammen Flüchtlinge auf oder keines. Was das bedeutete, war klar – zehn von elf Ländern wollten sowieso keine Flüchtlinge mehr haben.

Dann machte die Bundesregierung ihr letztes Angebot: »Nur wenn Sie die *Cap Anamur* zurück nach Hamburg holen, dann nehmen wir die 284 Vietnamesen auf. Wenn nicht...« Nach zwei Stunden Verhandlungen stand es fest, Zielhafen war nicht mehr das Flüchtlingslager Puerto Princesa.
Rupert Neudeck stürzte in die vietnamesische Botschaft in Bonn, telefonierte direkt mit der *Cap Anamur*. Er telefonierte auf deutsch, damit der Lotse auf der Brücke ihn nicht verstand. »Bitte geben Sie Kapitän

Unterwegs nach Hamburg

Buck die Order, sofort umzudrehen und Hamburg anzusteuern.« Was hätte er machen sollen? Die 284 über Bord werfen?
Die letzte Fahrt der *Cap Anamur* hatte begonnen.

An Bord hieß das erst mal »Klarschiff«. Die beiden Rettungsboote wurden in Luke 1 gehievt und festgelascht. Luke 2 bekam eine starke Persenning als Schutz gegen Spritzwasser. Jetzt, in der ruhigen Straße von Malakka, war noch Zeit zum Nähen.

Vor dem Hospital hing eine Karte, jeden Tag wurde die Strecke eingezeichnet, jeden Tag wurde der schwarze Strich ein Stück länger. Vier Wochen noch bis Hamburg.
Niemand an Bord brauchte mehr zu sparen. »Volle Kraft voraus«, 14 Knoten, die Maschine bekam Diesel satt. Und auch für die Flüchtlinge wurden die Rationen erhöht, vor allem Wasser; die Vietnamesen wuschen sich begeistert und putzten alle erreichbaren Gegenstände. Zum Reis gab es mehr Gemüse und sogar Fleisch.

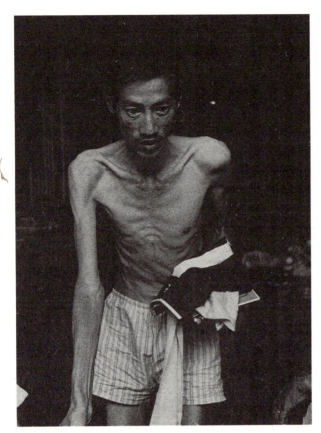
Die Spuren der langen Strapazen

Hinter der Nordspitze Sumatras wurden die Wellen länger und höher; der Indische Ozean war ja bekannt für seine Taifune und Monsunstürme. Schon am zweiten Tag wurde der Unterricht an Deck gestrichen. Ein Vietnamese nach dem anderen verschwand mit verdrehten Augen. Abends stand die Ambulanz gerammelt voll wankender Gestalten, gelbe Gesichter, seekrank allesamt. Jemand hatte zum Glück daran gedacht, 4 000 Kotztüten in Singapur zu kaufen. Die waren Gold wert.

Und dann die Hitze. Selbst die Vietnamesen klappten zusammen, suchten sich an Deck einen kühlen Platz. Nachts war oben mehr los als in Luke 1. Überall flatterten Hemden und Hosen und bunte Decken. »Mensch, davon ein Foto!«

Eines Tages humpelten vierzehn Mann kraftlos auf den Gängen herum, hatten Muskellähmungen. Des Rätsels Lösung hieß Beriberi, Mangelkrankheit, zu wenig Vitamin B. Die Vietnamesen lebten ja schon seit Monaten nur von geschältem Reis und Dosengemüse. Es gab genügend Vitamin B an Bord, täglich bekam jeder zwei Spritzen.

Sri Lanka vorbei; aufgewühlte See, kurze Wellen, Gischt fegte waagrecht durch die Luft. »Jetzt kommt's noch mal drauf an«, sagte Kapitän Buck. Er ließ die Maschine drosseln auf acht Knoten Fahrt. Die *Cap Anamur* drosch mit dem Bug hinein in jede Welle, fünf Meter tief das Wellental, bäumte sich hoch auf und nahm die nächste Welle an, daß der Schiffsrumpf dröhnte. Jede Menge grünes Wasser spülte über Deck.

Erst im Golf von Aden wurde die See ruhiger. Im Roten Meer sahen sie blutrote Sonnenuntergänge. Danach wurde es schlagartig dunkel, allgemeines »Zu-Pritsche-Gehen«. Ruhe im Schiff, nur der Diesel dröhnte. Um zehn Uhr nachts gingen die Ärzte noch einmal durchs Schiff, so wie jeden Abend. Das war für sie das Schönste am ganzen Tag.

Dann kam der Sueskanal, mit Spannung erwartet. Drei Journalisten stiegen an Bord, jede Menge Beamte und der Lotse. Die Notärztinnen und Notschwestern bekamen einen prallen Sack auf den Tisch: endlich wieder Post.

Zwei Tage später schob sich die *Cap Anamur* ohne Schwierigkeiten mit Zoll und Behörden durch den 200 Meter breiten Kanal. Es war Ramadan, Fastenmonat. Die arabischen Beamten durften tagsüber nichts essen, aber sie kochten den ganzen Tag und schenkten alles den Kindern an Bord.

Im Mittelmeer wurde es kalt, 19 Grad Celsius höchstens; die Vietnamesen zogen bibbernd an, was sie nur hatten, hängten sich dazu sämtliche Wolldecken um, die an Bord aufzutreiben waren. Noch 14 Tage bis Hamburg.

Sprachunterricht gab es für die Vietnamesen jeden Tag und einen Schnellkurs in Sachen Deutschland. Ruhig zog die *Cap Anamur* ihre Bahn quer durchs Mittelmeer, ließ Gibraltar liegen und die Biskaya, den Ärmelkanal. Es wurde kälter, 15 Grad nur noch; Hilfsdienst in der Küche neben den heißen Töpfen, das war ein begehrter Posten bei den Flüchtlingen. In Dover stieg eine Meute von

Unterricht auf Deck: eine neue Sprache für die neue Heimat

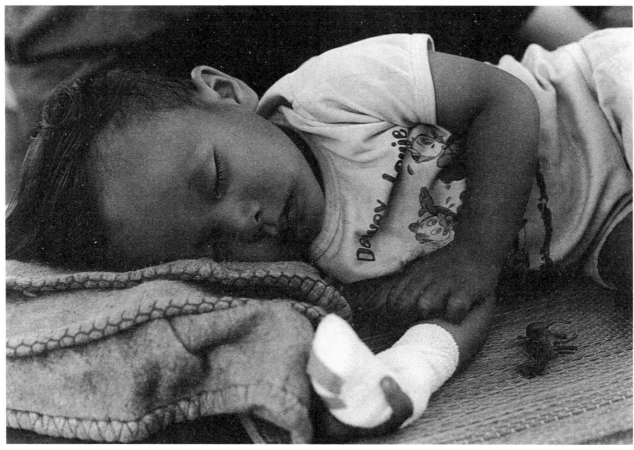
Ruhe und Geborgenheit – auch wenn das »Bett« nur eine Matte am Boden ist.

Journalisten an Bord, die wollten in Hamburg mit dabei sein.

Aus den 284 Flüchtlingen waren inzwischen 286 geworden. Ein kleiner Junge tauchte eines Tages auf, fünf Jahre alt, ohne Angehörige. »Den haben wir vorher noch nie gesehen«, sagten die Schwestern. Und es gab eine Frühgeburt, 2 000 Gramm. In Hamburg würden die Behörden ihre Listen ändern müssen.

Dann lief die *Cap Anamur* die Elbe hinauf. Jeder Schlepper und Frachter, jedes Boot, dem sie begegneten, grüßte mit seinem Nebelhorn. Das steigerte sich, als die *Cap Anamur* in den Hamburger Hafen kam, zu einem ganzen Konzert. Eine Barkasse umkreiste die *Cap Anamur*, darin saß eine ganze Klasse Schulkinder, die riefen im Chor: »Willkommen! Willkommen!« Und die Flüchtlinge wurden ruhiger, die Spannung, die Angst vor dem fremden Land verflog, sie strahlten.

Dann machte die *Cap Anamur* an den Landungsbrücken in Hamburg fest. Und dann geschah: nichts – was die Zeitungen am nächsten Tag einen Skandal nannten. Kein Hamburger Bürgermeister war zur Begrüßung gekommen, niemand von der Bundesregierung; nur das Land Niedersachsen hatte einen Vertreter geschickt.

Aber dafür waren die Landungsbrücken schwarz von Menschen. Viele von den vier Millionen Spendern waren gekommen, um das bekannteste deutsche Schiff, um »ihr« Schiff zu sehen. Es fehlte nicht viel, dann hätten sie die *Cap Anamur* gestürmt. Und über allem läuteten an diesem strahlenden Sonntag die Freudenglocken.

Die letzte Fahrt der *Cap Anamur* war beendet. Montag früh wurde das Schiff zu einem Lagerschuppen bugsiert. Die Hafenleute bauten das Hospital aus und schlugen die Pritschen ab. Jetzt war die *Cap Anamur* wieder ein ganz normaler Frachter. Wie viele Leben sie wohl noch hätte retten können?

Ankunft im Hamburger Hafen

Mein Name ist Pham,

ich bin verheiratet und habe heute vier Kinder. Ich wohnte in der Hauptstadt Saigon und war Geheimpolizist in Südvietnam. 1975 kamen die Kommunisten aus Nordvietnam und besetzten unser Land.
Die Polizei kam zu mir, weil sie dachten, ich sei Polizeioffizier gewesen. Und sie sperrten mich ins Gefängnis. Sie sagten mir, ich solle meinen Lebenslauf schreiben.
Wenn ich alles richtig aufgeschrieben hätte, hätte ich den nächsten Tag nicht mehr erlebt. Aber ich habe gesagt, ich sei nur einfacher Polizist in der Schreibstube gewesen und Chauffeur. Meine Akten hatte ich selbst verbrannt. Ich kam für drei Monate in Haft. Dort habe ich wieder meinen Lebenslauf schreiben müssen, sechs- oder siebenmal, denn der Kommissar sagte immer wieder: »Nicht richtig.« Aber ich bin dabei geblieben. Und der Kommissar schickte mich für elf Monate ins Umerziehungslager.
Dann wurde ich entlassen, weil meine Familie die Behörden bestochen hat. Alle Firmen und Geschäfte waren inzwischen enteignet, mein Haus war auch weg und alle meine Möbel. Ich stand unter Polizeiaufsicht, mußte mich jede Woche melden und aufschreiben, was ich in der Woche gemacht habe. Und ich durfte nicht zu meiner Familie.
Ich wußte, daß es sehr gefährlich für mich sein würde, länger in Vietnam zu bleiben. Ich bereitete also für uns alle die Flucht vor. Das dauerte Jahre, denn dreimal wurde ich von den Fluchthelfern betrogen. Das hat mich viel Geld gekostet.
Beim viertenmal kam ich zusammen mit meinem Sohn und einem Freund in einem Boot bis aufs Meer hinaus. Aber es gab Sturm, und wir kamen nicht durch die hohen Wellen und hatten große Angst. Da mußten wir wieder umkehren.
Beim fünftenmal gingen wir alle zusammen, meine Frau, meine drei Kinder und ich. Das war im November 1980. Meine Frau fuhr mit den Kindern einen Tag eher als ich an der Fluß. Ich blieb noch zu Hause, damit die Nachbarn nichts merkten. Am nächsten Tag bin ich hinten auf einem Mofa mitgefahren, 100 Kilometer weit bis an den Fluß. Mein Fluchthelfer hat gesagt: »Setz deine Mütze weit in den Nacken.« Und am Fluß kam ein Mann auf mich zu, und ich fragte ihn: »Kann ich hier Wasser kaufen?«
Das war unser Losungswort, da nahm er mich mit zu einem kleinen Haus. Dort waren schon zwanzig Flüchtlinge, auch meine Frau und die Kinder. Wir mußten warten, denn niemand wußte, wo unser Boot lag.
Um Mitternacht gingen wir mit dem Fluchthelfer los zum Fluß. Wir stiegen in das Boot und stießen vom Ufer ab. Nach 200 Metern lief das Boot auf eine Insel, und das Ruderblatt riß ab. Wir suchten, aber fanden es nicht mehr wieder. Alle standen herum und weinten. Und wir mußten wieder zurück.
Dort, wo wir losgefahren waren, lag noch ein Boot. Und die Leute dort sagten, wir könnten ein Ruderblatt für zwei Stücke Gold kaufen. Ein Stück Gold in Vietnam, das sind mehr als 38 Gramm reines Gold, und dafür kann man bei uns ein ganzes Haus kaufen. Wir müßten noch jemanden mitfahren lassen, haben die Leute gesagt. Wir waren sofort einverstanden.
Dann haben wir bis sechs Uhr morgens getaucht und gearbeitet, um das Ruderblatt unter Wasser einzubauen. Langsam wurde es hell, aber wir sind trotzdem losgefahren. Unter Deck hatten wir aber nicht alle Platz, deshalb mußten sich ein paar von uns unter den Fischernetzen verstecken, die an Deck lagen.
Um diese Tageszeit arbeiten die Fischer aber nicht mehr am Fluß; überall, wo wir vorbeikamen, haben

uns die Leute gefragt: »Ihr wollt weg, nicht wahr?« Aber wir sind einfach weitergefahren. Und wir hatten großes Glück, denn die Polizei hat nicht vermutet, daß jemand bei Tag flieht. Niemand hat uns kontrolliert.

Nach acht Stunden haben wir ein kommunistisches Schiff gesehen. Es fuhr hinter uns her, es fuhr neben uns her und hat uns beobachtet. Warum es uns nicht kontrolliert hat, weiß ich nicht, ich lag unter Deck und habe nicht viel gesehen.

Wir sind 25 Stunden gefahren und hatten gerade das erstemal auf dem Boot etwas gegessen, da haben wir morgens die *Cap Anamur* getroffen.

Das war unser Glück, denn am nächsten Tag kam Sturm. Nach uns sind an diesem Tag noch drei Boote von der *Cap Anamur* gerettet worden. Da waren wir 380 Flüchtlinge an Bord, und die *Cap Anamur* hat uns nach Singapur in den Hafen gebracht. Die Genehmigung aus Deutschland war schon da, noch auf dem Schiff wurden unsere Papiere fertiggemacht. Wir sind noch in derselben Nacht nach Frankfurt geflogen. Dort wurden wir gefragt, wo wir in Deutschland leben möchten. Ich und meine Familie, wir haben uns für Hamburg entschieden, denn Hamburg ist eine große Hafenstadt, das hatte ich noch in Vietnam gelesen, und wo ein Hafen ist, ist immer Arbeit. So wurden wir in Gruppen aufgeteilt. Zu unserer Gruppe kamen noch vier meiner Landsleute, die wir auf der *Cap Anamur* kennengelernt haben. Heute sind sie unsere Nachbarn.

Die geretteten Habseligkeiten

DAS NEUNTE KAPITEL

in dem von Jahren voller Not erzählt wird,
voll Tod und Flucht, von Jahren voller Arbeit,
von einem neuen Anfang und einem neuen Schiff,
von Ärger und freundlichen Grüßen,
von Sturm und Seenot und davon,
daß Helden nicht aus Marmor sind

Vier Jahre waren vergangen, Jahre voller Not und Angst für Millionen von Vietnamesen, Jahre der Flucht und des Sterbens.
Jahre der Hilfe und Arbeit für das Komitee. Hilfe für Menschen in Äthiopien, wo nach dem Bürgerkrieg Zigtausende vor Hunger elend verreckten. Hilfe für Menschen im Tschad, wo ein riesiges Krankenhaus unversorgt herumstand, leer stand, mit dem Geld europäischer Entwicklungshilfe mitten in die Wüste geklatscht. Hilfe für Menschen im Sudan, die vor dem Bürgerkrieg flüchteten und auf dieser Flucht zu Tausenden am Weg verhungerten. Hilfe für Menschen in Uganda, denen das Komitee ein Krankenhaus einrichtete und rund um die Uhr versorgte, immer wieder schikaniert und aus dem Land getrieben von den Regierungstruppen. Hilfe für Menschen in Afghanistan und Mosambik, in Südafrika und Kolumbien.

Im Jahr 1985 hatte das französisch-deutsche Schiff *Jean Charcot* wieder Menschen gerettet im Südchinesischen Meer; hatte zusammen mit einem französischen Patrouillenboot 540 *Boatpeople* aus dem Wasser gezogen. Und das in kaum zwei Monaten.
Es waren also noch immer Flüchtlinge unterwegs, in alten Kähnen, 9 mal 2,5 Meter, überladen, kurz vor dem Absaufen. »Und deshalb muß ein neues Schiff her«, sagte Rupert Neudeck, »so eine Art *Cap Anamur II*.«
Das Komitee war einverstanden, sie hatten ja alle die lange Liste der Schiffe gesehen, die im letzten Jahr Fluchtboote aufgegabelt hatten; 30 Kähne mit zusammen fast 900 Menschen für den Hafen von Singapur. Ein deutsches Schiff übrigens war nicht dabeigewesen.
Und diese Zahlen stimmten doch hinten und vorn nicht. Wie viele Steuerleute waren vorbeigefahren, wie viele Kapitäne hatten lieber

Die CAP ANAMUR II im Hafen von Singapur

gleich einen weiten Bogen gemacht um die »gefährliche« Hauptroute von Hongkong nach Singapur?

Jetzt lag sie im Hafen von Singapur, die *MV Regine,* 3 880 Tonnen Tragkraft, ohne Deckaufbauten wie alle Containerschiffe, ohne Ladekran. »Aber wir brauchen doch einen Kran für die Rettungsplattform.« Also hatte ein riesiger Hafenkran einen Kran an Deck gehievt, backbords, Caterpillar, 23 Tonnen schwer, kostete allein 200 Mark Miete am Tag. »Wenn der man nicht bei Seegang einfach abhaut«, hatte Rupert Neudeck gesagt und dem Kran vor die riesigen Reifen getreten. Aber Kapitän Behrens hatte ihn beruhigt: »Haben wir doch selber festgelascht, das Ding.«

Mittschiffs hing jetzt zu beiden Seiten über der Reling ein langes weißes Transparent, darauf stand groß und schwarz *Cap Anamur II.*

Die letzten zwei Wochen war die ganze Besatzung im Blaumann auf dem Schiff herumgeturnt, vom Decksmann bis zum Kapitän. Vier Plumpsklos mit Meerwasserspülung hatten sie eingebaut, zwei Meerwasserduschen, eine große Küche im Heck mit fünf Kochstellen. Im Zwischendeck standen jetzt zwei Kühlcontainer, einer als Klinik, der andere für frisches Obst und Gemüse. Noch ein Container stand an Deck für alle nötigen Hygienesachen.
Und Ausrüstung hatten sie gestaut, 14 Rettungsinseln, 350 Schwimmwesten, Nahrungsmittel, Decken und Kopfkissen, Handtuch und Seife, Zahnbürste und Zahnpaste für jede Pritsche. Die Pritschen sollten in den nächsten zwei Wochen noch unter Deck genagelt werden, Sperrholz, vier mal 64 Stück. Nicht zu vergessen 350 Tonnen Öl für die Maschine. Zusammen hatte das alles eine halbe Million Mark gekostet, Spendengelder.

Abschied in der deutschen Botschaft in Singapur. »Ich wünsche Ihnen alles Gute für das Unternehmen«, hatte der Botschafter gesagt; es dauerte einen Augenblick, bis er merkte, daß er sich verplappert hatte. »Das wünsche ich Ihnen nur als Privatmann«, setzte er nach, »denn ich möchte nicht, daß Sie sagen können, der deutsche Botschafter begrüßt die Fahrt der *Cap Anamur II*«. Rupert Neudeck hätte gern die Hand weggezogen, aber die hatte der Herr Botschafter ihm schon vorher geschüttelt.

So fuhr die *Cap Anamur II* am 3. März 1986 aus dem Hafen von Singapur. Sie hatte keine Garantie für die Geretteten, nicht für hundert, nicht für zehn, nicht für einen einzigen Ertrinkenden. »Kriegt ihr da nicht Ärger?« hatte einer der Decksleute gefragt. »Ja«, hatte Rupert Neudeck gesagt, »da kriegen wir Ärger, ganz bestimmt.«

Drei Tage später kam ein langes Telex nach Troisdorf, der Fernschreiber bei Neudecks im Hausflur hörte gar nicht wieder auf zu ticken. Die See-Berufsgenossenschaft, Abteilung Schiffssicherheit, hatte von der Rettungsaktion der *Cap Anamur II* erfahren, die wollten alles ganz genau wissen: Paragraphen, Sicherheitszeugnisse, prüffähige Zeichnungen, Angaben über die neue Telegrafieanlage und so weiter, und so weiter. Das alles wäre einzureichen. »mfg« stand darunter, »mit freundlichen Grüßen.«
Rupert Neudeck lachte durchs Treppenhaus, daß die Kinder aus der Küche kamen. Er hielt ihnen das Telex hin und sagte: »Die werden noch prüfen und prüfen, wenn die Aktion schon längst beendet ist.« Dann ging er ins Wohnzimmer und klappte das Ehebett zum Sofa zusammen. »Frühstück ist fertig!« kam es aus der Küche, »Rupert, kommst du?«
Der Reeder in Hamburg, dem die *Cap Anamur II* gehörte, der funktionierte vorbildlich, stellte sich dumm: »Von Umbauten ist uns nichts bekannt«, tickerte der zurück und, »eine Besichtigung ist zur Zeit schlecht

Rupert Neudeck in seinem Büro

möglich, da sich das Schiff auf See befindet.« Zeit schinden, soviel Zeit wie möglich, denn die *Cap Anamur II* war im Suchgebiet angekommen.

Die *Cap Anamur II* kreuzte durch die rauhe See; der Monsun hatte noch nicht aufgehört. Und die *Cap Anamur II* war nicht gerade hochseegängig, sie bockte und bäumte sich auf; zehn Meter stieg der Bug hoch in die Luft, dann donnerte er herunter auf die nächste See, daß links und rechts der weiße Gischt zur Seite schoß.

Inzwischen schrieb Rupert Neudeck in Deutschland seine Bittbriefe, bettelte um jedes Menschenleben. »Sehr geehrter Herr Ministerpräsident...« Jeder der elf Länderchefs bekam einen davon auf den Schreibtisch. »Wenn die *Cap Anamur II* als deutsches Schiff 600 Menschen retten darf, dann gehen davon sowieso 350 nach den USA, Kanada, Australien und Frankreich.« Rupert Neudeck reiste durch die Gegend, hielt Vorträge, warb für die neue *Cap Anamur*. Schließlich brauchte das Schiff Spendengelder.

Bergung eines Fluchtbootes. An Deck wird der Motor ausgebaut.

Der erste, der sich auf den Brief meldete, war nach einer Woche Ministerpräsident Rau: Nordrhein-Westfalen garantierte für 100 Menschen.

Nach genau zehn Suchtagen kam wieder ein Telex nach Troisdorf:

cap anamur II
schiff hat um 3 uhr 50 flüchtlinge aufgenommen. position 08.40 nord 108.12 ost. zustand der flüchtlinge ist durchschnittlich.
beste grüße anthony.

Am selben Tag meldete die Deutsche Presseagentur:

Mord und Vergewaltigung: Piraten vor Vietnam immer brutaler.
(dpa) 18. 3. 1986.

Weiter hieß es da, die Piraten verlegten sich immer mehr auf Mord und Vergewaltigung der *Boatpeople,* weil Geld und Gold kaum noch zu holen sei. Fast die Hälfte aller Frauen zwischen 11 und 40 Jahren müßten deshalb mit Vergewaltigung und Entführung rechnen, noch bevor sie in Thailand ankämen.

In Bangkok, das wußten die Leute vom Komitee, gab es Bordelle, die waren auf Flüchtlingsfrauen aus Vietnam spezialisiert, wurden regelmäßig von den Piraten »beliefert«.

Anschließend wird es verbrannt oder versenkt, damit keine anderen Schiffe gefährdet werden.

Einen Tag später wurde an Bord der *Cap Anamur II* durchgezählt: 29 Männer, 8 Frauen, 10 Kinder. Es waren also gar nicht 50 Gerettete, »nur« 47. Aber davon ließ sich das ungarische Filmteam an Bord nicht stören, die drehten eine Rolle Film nach der anderen durch ihre Kameras. Es dauerte nicht lange, da tickerten sie nach Deutschland, sie brauchten 20 frische Filmrollen. Wie die an Bord gebracht werden sollten, darüber hatten sie sich keine Gedanken gemacht. Für einen Hubschrauber war das Schiff zu weit vom Land entfernt; vielleicht vom Flugzeug aus ins Wasser werfen? Und die *Cap Anamur II* aus dem Suchgebiet zu bringen, das hätte hin und zurück drei Tage gekostet, den Tag für 6 000 Mark Miete und 2 000 Mark Bunkeröl.

Die Pritschen an Bord waren längst fertig, einfache Sperrholzplatten, darauf lagen Bambusmatten, eine für jeden. Am 2. April hatten die Matrosen der *Cap Anamur II* 64 Menschen aus dem Wasser gezogen, siebzig Kilometer vor der Küste von Vietnam.

Um drei Uhr morgens war das gewesen. Die Flüchtlinge auf dem kleinen Kahn hatten Feuer gemacht, zum zweiten Mal schon, aber der Frachter, den sie eine halbe Stunde

vorher gesichtet hatten, war einfach an ihnen vorbeigerauscht. Jetzt brannte das Fäßchen mit Petroleum wieder; und in dem schwachen Lichtschein sahen die Matrosen oben auf der Brücke der *Cap Anamur II* noch etwas auf dem Wasser, schwankend, fast unsichtbar.
»Da ist noch 'n Kutter. Mal die Scheinwerfer Richtung elf Uhr.« Jetzt sahen sie es auch ohne Fernglas. »Da, noch einer! Und da! Aber die sind ja viel zu groß. Mensch, das sind doch Piraten!« Sieben Thai-Kutter hatten die Flüchtlinge belauert, drückten sich jetzt aus dem blendenden Kegel der Scheinwerfer in die Dunkelheit. »Noch mal Glück gehabt«, sagte Kapitän Behrens. »Mann, wenn wir 'ne halbe Stunde später gekommen wären.« Piraten so weit draußen vor der Küste, das war eine neue Taktik. Die *Cap Anamur II* würde sich darauf einstellen müssen. Einen Tag später sagte Baden-Württemberg 50 Plätze zu. In Frankreich griffen die Leute von »Médicins du Monde« zu einer Notlüge: »Wenn Frankreich 300 *Boatpeople* nimmt, dann nimmt Deutschland auch soviel«, sagten sie dem Premierminister; und der Premier, das wußten sie, konnte nicht ablehnen, der hatte nämlich ein Flüchtlingskind aus Vietnam adoptiert.
Am 7. April lief die *Cap Anamur II* im Hafen von Singapur ein, sie hatte 328 Flüchtlinge aus fünf Booten an Bord. Und ein paar Tage später gab Rupert Neudeck die Meldung durch: »Niedersachsen und Hessen nehmen je 50 Flüchtlinge . . .«

17. Mai 1986. Überall auf der Erde feierten die Christen das Pfingstfest, auch in Vietnam; die jedenfalls, die noch nicht im Umerziehungslager gelandet waren als Strafe für Kirchenbesuch.
Die *Cap Anamur II* kämpfte sich durch schwere See; Windstärke sieben bis acht, Orkanböen orgelten immer wieder über das Schiff. Kapitän Behrens und der Steuermann hatten alle Hände voll zu tun, den Frachter vorsichtig durch die Wellen zu bugsieren. Ohne Fracht lag das Schiff viel zu hoch auf dem Wasser, jede Böe schlug schwer an die Bordwand.
Plötzlich sah einer von der Mannschaft das Licht. »Da«, schrie er durch das Heulen, »da drüben.« Trüb und winzig hüpfte ein gelber Punkt auf den Wellen, fast nicht zu sehen durch die klatschnassen Scheiben der Brücke. Der Radar zeigte nichts. Unendlich langsam schob die *Cap Anamur II* sich näher. Dann sahen es alle: ein Petroleumfeuer. Also ein Fluchtboot.
Kapitän Behrens ließ die Maschine auf Höchstfahrt gehen: »Alles, was drin ist!« Die Alarmglocke gellte durch das Schiff! Siebenmal kurz, dann einmal lang. Die Mannschaft stieg in die Rettungswesten, hastete an Deck und brachte Enternetze aus. Das Schiff bäumte sich meterhoch auf in der kochenden See; bei diesem Seegang war die Rettungsplattform nicht mehr zu gebrauchen, sie wäre beim ersten Versuch an der Bordwand in Stücke gegangen. Schlauchboot? Zu gefährlich. Es würde die Hölle werden.

Dramatische Rettungsaktion bei Windstärke 8

Endlich war die *Cap Anamur II* heran. Ein paar Kommandos, dann legte das Schiff sich quer vor den Wind, gab dem kleinen Kahn dort unten Schutz vor Sturm und Wellen. Jetzt, wo das Fluchtboot im Gischt nicht mehr verschwand, sah die Mannschaft oben hinter der Reling erst, wie tief es lag. Leckgeschlagen, dachte jeder.

Und das Boot hing am Anker, die Maschine war tot. Schwerfällig rollte die *Cap Anamur II* auf das Holzboot zu, kam näher, drückte bald auf die Ankerleine. Die Dolmetscherin Phuong rief von oben herunter: »Anker lichten! Ihr müßt den Anker lichten. Wir können nicht näher ran.« Endlich kam das Boot frei, fing sofort an, wie verrückt auf

Tycho birgt ein Kind im »Rucksack«.

den Wellen zu tanzen. Es quoll über vor Menschen. Dann flog die erste Leine hinüber auf das Boot, Menschen krallten sich daran. Wenn nur das Boot nicht einfach umschlug; manchmal hoben die Wellen es zwei, drei Meter hoch, dann ließen sie es wieder fallen wie in einen Abgrund. Eine Strickleiter flog über Bord. Mühsam zogen sich die ersten hoch, zerrten sich von Strick zu Strick an der schwankenden Bordwand hinauf. Oben an der Reling wurden sie von den Matrosen gepackt und hereingehoben. Sie brachen zusammen, sobald sie das Deck berührten. 22 Menschen.

Und die anderen? Da waren doch noch mehr im Kahn, Frauen, Kinder, halb ertrunken, die letzte Kraft vom Wasserschöpfen ausgelaugt. Jeden Augenblick konnte der Holzkahn absaufen, vollgeschlagen von einer See, zerquetscht an der Bordwand.

Tycho Heitmüller, der Zweite Offizier, schwang sich über die Reling, kletterte das Enternetz hinunter. Die anderen Matrosen hinterher.

Wer hier ins Wasser fiel, der hatte schlechte Karten.

Dann waren sie unten, der Zweite Offizier voran; die hochschwangere Frau lud er sich auf den Rücken, begann den Aufstieg, Hand über Hand an den Stricken hinauf, während unter ihm die Matrosen sich Kinder auf die Hüfte setzten. Die übrigen Kinder lagen flach im Boot, hielten sich irgendwo fest.

Mühsam war der Aufsieg schon ohne Last, kalt die Hände und steif von Wind und Wasser. Kaum hatten sie die Geretteten oben abgeladen, ging's wieder runter.

Und die *Cap Anamur II* rollte schwer in der See.

Wieder und wieder stieg der Zweite Offizier hinunter, brachte ein Kind nach dem anderen an Deck. Tycho Heitmüller kletterte als letzter noch einmal die Strickleiter hinunter, sprang hinüber auf den Kahn, stand breitbeinig im schon knietiefen Wasser und schnallte sich einen Säugling in einer Art Rucksack auf den Rücken. Dann war das Fluchtboot leer. Die vielen Bruchstellen waren deutlich zu sehen.

Oben hinter der Reling wurden die Geretteten eingesammelt, gestützt, unter Deck getragen oder zur Küche. Ein Junge mit Blinddarmentzündung kam sofort in den Operations-Container, die Schwangere in die Krankenstation.
Die Vietnamesen an Bord hatten schon Tee gekocht und Reis. Jetzt lagen die Geretteten auf ihren Pritschen, jeder hatte eine Bambusmatte weit Platz; lagen ruhig und sicher und trocken, tranken sauberes Wasser und heißen Tee, soviel sie wollten. Sie waren gerettet, Frauen und Männer und 14 Kinder.

Sie erzählten von den 20 Flüchtlingen, die sie mitgenommen hatten, weil die Küstenwache denen das Boot beschlagnahmt hatte; da waren Nudeln und Wasser schnell aufgebraucht; sie erzählten von dem Norweger, der an ihnen vorbeigefahren war, 50 Meter entfernt; und sie erzählten von dem Motor, der schon seit gestern streikte und sie hilflos den Wellen überließ.
Im Fernsehen gab Rupert Neudeck bekannt, das Saarland wolle »bis zu sechs Flüchtlinge« aufnehmen. Hamburg verweigerte jede Hilfe.

Auf die Geretteten warten Decken und heiße Getränke.

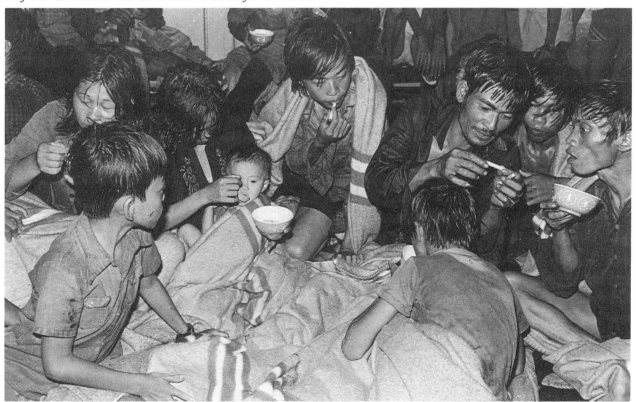

Mein Name ist Dang,

und in Vietnam war ich Jurist und Beamter. Als die Kommunisten nach Südvietnam kamen, mußten sich alle Beamten melden. So kam ich ins Umerziehungslager.

Als ich entlassen war, änderte ich meine Papiere, denn ich wollte fliehen. Aber ich hatte kein Vertrauen, um mir einen Platz in einem Fluchtboot zu kaufen. Da bin ich zum Schein Fischer geworden. Ich habe mir ein kleines, kaputtes Boot gekauft, denn woher sollte ein armer Fischer wie ich Geld genug haben für ein großes Boot. Wer ein großes Boot kaufte, stand sowieso unter Fluchtverdacht. So kam ich an den Fluß.

Da habe ich auf dem Fluß gefischt. Aber ich bin nicht den Fischen hinterhergefahren, sondern wollte den Fluß kennenlernen. Ich habe nur wenig gefangen und mußte Fische zukaufen, damit ich nicht auffiel. Und ich habe immer Reiswein getrunken, wie alle Fischer. All das kostete viel Geld, meine Familie mußte nach und nach alles verkaufen.

Eines Tages habe ich absichtlich einen Brückenpfeiler gerammt, da war mein Boot kaputt. Ich habe gesagt: »Ich habe kein Geld für die Reparatur, aber ich könnte ein großes Boot kaufen, fast ganz kaputt und sehr billig.« Ich bekam von der Polizei die Erlaubnis, das große Boot zu reparieren. So kam ich zu einem seetüchtigen, sieben Meter langen Boot. Meine Frau hat das Blechdach vom Haus gerissen, das Blech habe ich auf mein Boot genagelt. Ich habe das Boot sehr stark gebaut, mit dicken Spanten und Schotten und einem Blechtank im Bug für Trinkwasser. In den Tank, habe ich gesagt, kommen meine Fische hinein. Mein Boot war gebaut wie ein U-Boot, nur mit einer metergroßen Luke an Deck. Ich habe Seehandbücher gelesen und bin hinausgefahren, bis ich mein Boot genau kannte.

Ein Fischer sagte zu mir: »Bring mein Kind aus dem Land, dann gebe ich dir Lebensmittel und Diesel.« Aber kurz vor der Flucht habe ich erfahren, daß bei unserem Treffpunkt am Meer keine Flußfischer sein durften.

Da mußte ich den ganzen Plan ändern. Ich habe mir ein Netz mit zu großen Maschen geknüpft. Da fing ich zuwenig, und die Polizei hat gesagt: »Du mußt mit diesem Netz aufs Meer hinaus, damit du viele Fische fängst.« Aber ich habe gesagt: »Ich bin doch nur Soldat und werde auf dem Meer ertrinken. Ich habe große Angst.« Da haben die Polizisten mich getröstet und mir Reiswein gegeben. So kam ich mit meinem großen Boot ans Meer.

Ich mußte mich genauso verhalten wie alle Fischer. Ich bin alle Tage hinausgefahren und habe mit dem Boot geübt. Und ich habe mich mit den Polizisten angefreundet. Und als eine Kontrolle kam, hat der Polizist gesagt: »Geben Sie mir die Hand.« Ich habe nicht gewußt warum, aber der Polizist hat gesagt: »Der Genosse hat Hornhaut an der Hand, der ist ein Fischer.«

Da habe ich noch härter gearbeitet, bin immer ohne Hemd herumgelaufen, damit mich die Sonne verbrennt. Und meine Frau und die Kinder habe ich oft mit aufs Boot genommen, damit sie auch braun werden. Nach zwei Jahren war ich ein guter Fischer. Da bereitete ich die Flucht vor, vergrub einen Zehn-PS-Motor am Strand, denn ich durfte nur fünf PS haben, legte den Auspuff mit Schläuchen unter Wasser, damit mich niemand hört.

Von Juli bis März gibt es Sturm an der Küste von Vietnam, deshalb fliehen die meisten in der übrigen Zeit. Aber ich habe gedacht, wir fliehen durch den Sturm, dann schläft die Polizei.

Am 8. Mai 1980 um 0 Uhr fuhren wir los, trafen uns bei einem alten Wrack mit anderen Booten, bauten den Motor um, übernahmen Lebensmittel und Diesel und fuhren los. Sechs erwachsene Männer waren an Bord, dazu vier Frauen und zehn Kinder.

Zwei Stunden hielten uns Wind und Wellen vor der Küste fest, aber die Polizei schlief. Und wir fuhren weit aufs Meer hinaus. Wir waren in Freiheit.
Im Sturm fiel die Batterie aus, da hatten wir kein Licht mehr für Kompaß und Seekarte. Ich schlug mit dem Kopf gegen den Kompaß; mein Kopf war härter, der Kompaß ging kaputt, und das Öl lief aus. Und die Strömung trieb uns nach Vietnam zurück; erst beim dritten Versuch konnten wir Kurs halten. Morgens wurde es hell, und wir sahen viele große Schiffe. Wir dachten: Polizei. Ich fuhr in Untiefen hinein, wohin die großen Fischkutter uns nicht folgen konnten.
Meine Verwandten reparierten den Kompaß. Dann fuhr ich genau nach Süden, dort lag Singapur. Am Tag sahen wir viele Haie, einer riß den Auspuff ab. Am nächsten Tag kreisten uns acht graue Fischerboote ein, die kamen aus Taiwan und fragten, ob wir einen Chinesen an Bord hätten. Das hatten wir nicht, da konnten sie uns leider nicht mitnehmen. Aber sie gaben uns Wasser, Fische und Melonen.
Drei Tage später trafen wir ein Schiff, das hieß *Raynan* und lief unter Panama-Flagge. Nach drei Stunden Rettungsmanöver warf uns die *Raynan* ein Tau zu.
Panama-Schiffe, das wußte ich, hatten immer wieder Flüchtlinge nach Vietnam zurückgebracht. Deshalb wollte ich wissen, ob uns das Schiff in ein kommunistisches Land bringt. Da wurde der Kapitän zornig und schnitt das Tau ab, aber die Matrosen warfen uns Hemden und Hosen herunter.
Abends sahen wir viele Schiffe, mehr als hundert. Die Leute lachten und filmten uns, obwohl ich an die Bordwand geschrieben hatte: *freedom or death*.
In der Dämmerung trieb uns die Strömung sehr schnell auf eine Insel zu, bald sah ich um uns herum nur Riffe. Dann wurde es dunkel. Ich fuhr immer im Kreis, hin und her zwischen den Riffen. Endlich faßte ich mir ein Herz, wir zündeten Fackeln an, und ich fuhr direkt auf ein erleuchtetes Schiff zu. Ich hing schon mit einem Fuß hinter der Leine dieses Schiffes, aber sie kappten das Seil. Da fuhr ich wieder die ganze Nacht im Kreis.
Am Morgen kam ich endlich aus den Riffen heraus. Abends sahen wir ein großes Feuer mitten auf dem Meer. Der Luftsog zog uns darauf zu, wir konnten nichts dagegen tun. Es wurde so heiß im Boot, daß unser Trinkwasser dampfte. Erst am Morgen kamen wir wieder aus der Gluthölle, und ich fuhr weiter, um an Land zu kommen, egal wo.
Mittags kam ein weißes Flugzeug, RESCUE stand darauf. Wir sollten warten. Als es nach einer Stunde wiederkam, warfen die Piloten nur ihre Verpflegung ab und verschwanden wieder.
In der Nacht wurde ich ohnmächtig, da steuerte mein Neffe das Schiff. Plötzlich machte der Motor klickklickklick. Wir saßen mit der Schraube in einem Fischernetz. Ich schnitt uns heraus.
Als es hell wurde, sahen wir eine Insel und ein Schiff mit der Flagge von Singapur. Das Schiff brachte uns in eine kleine Bucht, dort sahen wir Häuser, Autos und Geschäfte. In der Bucht wollten die Soldaten uns den Kompaß wegnehmen, aber den hatte ich gut versteckt.
Da hat uns das Schiff aus der Bucht aufs Meer hinausgedrängt. Als ich umdrehen wollte, stoppten sie uns und kamen an Bord. Erst als der Kapitän uns aus der Nähe sah, hatte er Mitleid und ließ uns 20 Liter Diesel geben.
Nachts bekamen wir schweren Sturm, der trieb uns auf die Küste zu. Da dachten wir, wir müßten alle ertrinken. Aber am nächsten Morgen sahen wir plötzlich ein weißes Schiff mit einem roten Kreuz. Das war die *Flora*, wir kletterten über Seile an Bord. Ein Kriegsschiff kam heran und funkte, man wollte uns festnehmen. Wir müßten wieder von Bord, sonst würde die *Flora* versenkt. Aber bald hatten wir ein Telex von der deutschen Botschaft in Singapur, wir stünden unter deutschem Schutz.
Von der *Flora* kamen wir auf ein indonesisches Schiff, das brachte uns ins Flüchtlingslager. Auf dem Schiff trafen wir viele Leute von der *Cap Anamur*.

DAS LETZTE KAPITEL

*in dem noch einmal vom Schachern um Menschenleben
die Rede ist und davon,
daß Angst und Not und Tod nicht aufhören,
wenn die Hilfe aufhört*

Jetzt ging es wieder los, dieses endlose Schachern um Menschenleben. Rupert Neudeck und die Leute vom Komitee dachten sich die Sache so: Wenn die *Cap Anamur II* noch einmal über die 400-Menschen-Marke kam, dann mußte sie in Puerto Princesa ausladen und konnte noch ein drittes Mal hinausfahren, bevor sie mit Menschen beladen nach Hamburg zurückkehrte. Für mehr als ein halbes Jahr war die *Cap Anamur II* sowieso nicht gechartert.

Rupert Neudeck rechnete also: 450 Garantieplätze hatte er gehabt und davon bei der ersten Reise der *Cap Anamur II* 328 aufgebraucht. Blieben noch 122, dazu die 50 aus Niedersachsen, das machte 172 Plätze. Aber die *Cap Anamur II* hatte schon wieder 202 Vietnamesen an Bord. Fehlten genau 30 Plätze.

Dann kamen 30 Plätze aus Belgien, nur wollten die Belgier nicht den Flug von Puerto Princesa nach Brüssel bezahlen. »Den Flug bezahlt das Komitee«, sagte Rupert Neudeck den Behörden kurz entschlossen, und er dachte im stillen: »Dann können wir das Schiff noch mal leermachen.« Und die *Cap Anamur II* nahm Kurs auf Singapur.

Am 1. Juni ging die *Cap Anamur II* vor Singapur auf Reede. Sie kam nicht in den Hafen, konnte die Menschen nicht an Land bringen, es waren nicht alle Papiere da. Telefon, Telex, Amtsschimmel... und Wut im Bauch.

Die 202 warteten einen Tag, noch einen, den dritten. Ein Vietnamese hielt es nicht mehr aus, immer das rettende Land vor Augen, sprang er über Bord.

Es dauerte vier Tage, bis die Papiere da waren. Vier Tage, das waren 32 000 Mark an Spendengeldern; Rupert Neudeck fragte sich, wem von den Paragraphenreitern er diese Rechnung wohl schicken sollte.

Und die Flucht, das erzählten die Flüchtlinge, wurde schwerer von Jahr zu Jahr.

Manche Kinder sind erst im Lager geboren worden – aber Heimat ist das keine.

4 000 Dollar kostete jetzt ein Platz auf dem Fluchtboot. Und acht von zehn Flüchtlingen wurden noch in Vietnam oder vor der Küste gefangen und eingesperrt oder erschlagen. Nur zwei von zehn Flüchtlingen erreichten das Meer, und von den zweien ertrank einer oder wurde von Piraten umgebracht. Nur jeder zehnte kam durch.

Die das erzählten, waren auf der *Cap Anamur II* gelandet; die das erzählten, hatten das große Los gezogen. Denn in den Lagern in Südostasien saßen 35 000 Menschen, Männer, Frauen und Kinder, warteten auf eine neue Heimat. Manche warteten schon mehr als fünf Jahre. Und es gab viele Kinder in den Lagern, in Hongkong, in Sikhiu in Thailand, in Pulau Bidong in Malaysia, in Galang in Indonesien, viele Kinder, die erst im Lager geboren waren, die nur das Leben kannten hinter Stacheldraht.

Drei Tage später. Morgens um sieben klingelte das Telefon in Troisdorf. Wenigstens Samstag hatten Neudecks mal ausschlafen

Erinnerungen an Vietnam

wollen. Als Rupert Neudeck das typische Klicken in der Muschel hörte, meldete er sich gleich mit »Njudeck«, dann kam die Interkontinentalleitung zustande.
Kapitän Behrens meldete sich wie alle drei Tage; bei ihm war es mittags um 13 Uhr: Heute früh hatten sie ein Fluchtboot gefunden, direkt auf der Linie Hongkong–Singapur; 77 Menschen lagen in dem kleinen Kahn; und die 32 Kinder waren von Sonne und Wind schon so ausgedörrt, die hätten den Abend nicht mehr erlebt; kein Tropfen Wasser an Bord; und die *Boatpeople* hätten 30 Schiffe in den vier Tagen auf See gezählt, 30 Schiffe, die an ihnen vorbeigefahren waren.

Zwei Tage später wieder ein Fluchtboot, 52 Menschen, ein Baby, gerade 17 Tage alt. Die Menschen auf dem Boot hatten eine große Flagge mit SOS gehißt. Aber niemand außer der *Cap Anamur II* hatte geholfen.

Jetzt mußten schnell neue Aufnahmeplätze her, die *Cap Anamur II* hatte schon 124 Menschen »zuviel« an Bord. Das Großherzogtum Luxemburg nahm fünf *Boatpeople*, diese Nachricht war besser als nichts.
Am 14. Juni, eine Woche nach der Ausfahrt, hatte die *Cap Anamur II* 222 Menschen an Bord, aber nur 111 sichere Plätze. Rupert Neudeck bombardierte die deutschen Bundesländer mit Briefen. Ergebnis: Schleswig-Holstein nahm 20; Berlin nahm 30 Flüchtlinge als »einmalige Ausnahme«. Und Bayern? Vielleicht nahm Hamburg ja doch noch 20, oder Rheinland-Pfalz. Und Bremen? Israel gab vielleicht 50 Plätze, aber das war noch nicht sicher.
Dann kam ein großer Tag: Kanada gab 100 Vietnamesen eine neue Heimat. Gerade am Tag vorher hatte die *Cap Anamur II* wieder ein Fluchtboot gefunden, mitten in der unendlichen Weite der See.

Dann machte sich die *Cap Anamur II* aus dem Suchgebiet. Kapitän Behrens nahm Kurs auf den Indischen Ozean, durch den Sueskanal und das Mittelmeer, an Gibraltar vorbei nach Dover. Es war dieselbe Strecke, die vier Jahre vorher die *Cap Anamur I* genommen hatte.

Zur selben Stunde, als die *Cap Anamur II* die Elbe hinauf nach Hamburg einlief, erklärte ein Bonner Minister: »Das sind die letzten, die die Bundesregierung als Flüchtlinge anerkennt.«

5 000 Menschen standen unten an den Hamburger Landungsbrücken und warteten. Und 286 Menschen standen hinter der Reling der *Cap Anamur II* und sahen hinüber auf das Land, das ihre Heimat werden sollte. 752 Menschen hatte die *Cap Anamur II* gerettet in diesem halben Jahr. 752 Menschen, Menschen die erzählt hatten: »Nur jeder zehnte von uns kommt durch.«

Und es wird weiter gestorben im Südchina-Meer, ertrunken und erschlagen und erschossen, verdurstet und vergewaltigt und eingesperrt, im letzten Jahr, im letzten Monat, in diesem Augenblick.

»Man soll sich nicht über das eigene Verlangen nach Glück schämen«, hat Rupert Neudeck geschrieben, »aber darüber, allein glücklich zu sein.«

5000 Menschen begrüßen die CAP ANAMUR II an den Landungsbrücken.

Zeittafel

1979 Im August läuft die *Cap Anamur I* ins südchinesische Meer aus. Das Schiff nimmt insgesamt 9 507 Flüchtlinge auf.
November bis April '80 Hilfe für Kambodschaner, die vor den »Roten Khmer« nach Thailand flüchten.

1980 Im März beginnt ein Hilfsprogramm in Somalia, es wird im Juni '88 abgeschlossen.
Im September bitten die vietnamesischen Bischöfe in Rom um Hilfe für ihre Landsleute.
Im Dezember beginnt die Aktion »Reis für Vietnam«.

1981 Im Januar beginnt ein medizinisches Hilfsprogramm für Uganda.

1982 Von Februar '82 bis Februar '83 Hilfe für den Libanon.

1983 Seit September Hilfe für den Tschad.

1984 Hilfe für Äthiopien bis heute.

1985 Hilfe für den Sudan, Krankenhaus mit Ambulanzen wird in Bor errichtet. Das Projekt läuft bis heute.
Aufbau eines Krankenhauses in Tigray in Äthiopien, mit Unterbrechungen bis heute.
September bis März '86 Hilfe für Nicaragua.

1986 Im März läuft die *Cap Anamur II* aus dem Hafen von Singapur, sie rettet 752 Menschen bis September '87.
Hilfe für Mosambik, das Krankenhaus in Morromeu wird '90 übergeben.

1987 Ärztliche Versorgung bis Mitte 1990 für Homelands in Südafrika, wo ein Arzt auf 300 000 Schwarze kommt.
Hilfe für Afghanistan bis '89.

1988 Hilfe für Namibia bis '90.
In Vietnam werden in Van Dinh und Ninh Binh zwei Krankenhäuser errichtet.
Das Komitee bringt 127 äthiopische Kriegsgefangene aus Eritrea nach Djibuti.
Seit Dezember medizinische Hilfe für den Bezirk Choco in Kolumbien.

1989 Hilfsgüter für Eritrea.

1990 Im März fahren 10 Lkws mit Hilfsgütern nach Prokopjewsk in Sibirien.
Im November Hilfe für liberianische Flüchtlinge, die nach Sierra Leone geflüchtet sind.
Im November läuft ein Schiff nach Monrovia, Liberia, um dort ein medizinisches Team zu versorgen.
Im Dezember bringt ein Schiff Hilfsgüter nach Somalia ins »befreite Gebiet«, um ein medizinisches Team zu versorgen.
Im Dezember wieder Hilfsgüter nach Eritrea.
Im Dezember fährt ein Lkw-Konvoi in die Sowjetunion, 9 Lkws nach Moskau, 16 weiter nach Prokopjewsk in Sibirien.

Seit 1979 hat sich das *Komitee Cap Anamur* nicht wesentlich verändert. Bis auf eine Halbtags-Sekretärin arbeiten alle Helfer immer noch ehrenamtlich; auch die etwa 35 Ärzte und Ärztinnen, Krankenschwestern und Pfleger und Techniker, die in Einsatzzeiten von mindestens einem halben Jahr den Kranken und Hungernden Hilfe leisten. Das Komitee gibt niemals Geld, gibt niemals etwas an Regierungen, verteilt alle Hilfsgüter selber.